城市轨道交通实训系列教材

城市轨道交通
行车调度指挥模拟实训指导书

宗小波 ◎ 编

西南交通大学出版社
·成 都·

图书在版编目（CIP）数据

城市轨道交通行车调度指挥模拟实训指导书 / 宗小波编. —成都：西南交通大学出版社，2020.11
城市轨道交通实训系列教材
ISBN 978-7-5643-7683-3

Ⅰ. ①城… Ⅱ. ①宗… Ⅲ. ①城市铁路 – 轨道交通 – 运输调度 – 职业教育 – 教材 Ⅳ. ①U239.5

中国版本图书馆 CIP 数据核字（2020）第 187889 号

城市轨道交通实训系列教材
Chengshi Guidao Jiaotong Xingche Diaodu Zhihui Moni Shixun Zhidao Shu
城市轨道交通行车调度指挥模拟实训指导书

宗小波 / 编

责任编辑 / 周　杨
助理编辑 / 宋浩田
封面设计 / 吴　兵

西南交通大学出版社出版发行
（四川省成都市金牛区二环路北一段 111 号西南交通大学创新大厦 21 楼　610031）
发行部电话：028-87600564　028-87600533
网址：http://www.xnjdcbs.com
印刷：四川森林印务有限责任公司

成品尺寸　185 mm×260 mm
印张　4.75　　字数　113 千
版次　2020 年 11 月第 1 版　　印次　2020 年 11 月第 1 次

书号　ISBN 978-7-5643-7683-3
定价　12.50 元

课件咨询电话：028-81435775
图书如有印装质量问题　本社负责退换
版权所有　盗版必究　举报电话：028-87600562

城市轨道交通实训系列教材
编审委员会

主　任　　沈卫平
副主任　　饶　咏
委　员　　孙景冬　马　驷　徐安雄
　　　　　　丁　超　陈　辉　谢　斌
　　　　　　冉　洪　陈　东　陈光富
　　　　　　张　燕　宗小波

FOREWORD

序 言

2019年9月，习近平总书记在考察轨道交通大兴机场线时指出，城市轨道交通是现代大城市交通的发展方向，发展轨道交通是解决大城市病的有效途径。近年来，我国城市轨道交通快速发展，在方便民众出行、缓解交通拥堵、减少空气污染等方面发挥了重要作用。成都作为国家级中心城市和新一线城市，在"轨道交通引领城市发展格局""公园城市示范区""成渝双城记"发展战略的引领下，大力实施轨道交通加速成网计划，成都地铁已迈入大线网运营新时代。

作为城市发展的重要基础设施，城市轨道交通的运营、管理与城市的正常运行、市民日常生活及社会经济的稳定发展息息相关。作为公共运输服务的供给者，城市轨道交通具有高时效性和安全性的显著特点，需要一支与其发展规模和管理要求相适应的运营管理队伍参与高质量运行保障。实践教学是人才培养培训体系的重要组成部分，是将理论转变为实践能力的桥梁，是提升从业人员技能水平的重要手段。因此，训战结合，强化实践教学已成为城市轨道交通人才培养培训的重要理念和共识。

成都轨道交通集团有限公司结合多年规划、建设及运营管理经验，以成都地铁为背景规划建设了满足轨道交通运营管理、通信信号、供电、车辆、机电等多专业教育教学需求的实训中心。中心基于城轨典型车站、线路、车辆段构建的虚实结合仿真平台，可有效开展单一岗位及多岗位联动实训，有效解决了真实场景不能动、不敢动、不好动的实践教学困境，提升了实训教学效果。成都轨道集团下属轨道交通学院基于上述实训平台并结合中国城市轨道交通协会及成都地铁运营有限公司发布的城轨相关专业（岗位）的知识及技能标准，编写完成了站务、行车调度、司机（电客车、司机）、车辆检修、供电等岗位的实训系列教材，基于城市轨道交通重难点及知识要求设计了 80 个典型实训项目，以项目开设为主线，结合项目难度及需要补充阐述的理论知识点，帮助读者在完成实训项目的同时，加深对相关理论的学习和掌握。编者为每个实训项目制定了细化的评分标准，便于指导和考核。本系列教材以成都地铁设施设备为背景，可以帮助读者更全面、深入地了解成都地铁。同时，本系列教材注重理实一体，适合读者学习重点理论知识和典型设施设备，具有一定的通用性。

由于水平、能力有限，本系列教材还有诸多不足之处，恳请各位读者、同行不吝指正，我们将在后续的实践、教学中不断丰富和完善。

成都轨道交通集团有限公司

2020 年 10 月

前　言

　　实训项目开发及教材建设是实训教学的基础工作，做好该项工作有利于帮助学生更快、更好地掌握岗位技能，提升教育教学质量。编者结合多年的工作及教学经验，以全国城市轨道交通协会发布的城市轨道交通运输与管理专业岗位技能及知识标准为基础并充分结合成都地铁运营有限公司行车调度指挥岗位技能和业务需求编成本书。

　　本书以成都地铁2号线行车调度软件为平台，以真实的工作过程为教学内容，将行车调度指挥划分为进路排列及相关操作、站停调整时间及相关操作、控制权限转换及相关操作、VR调整及相关操作等五个实训项目，根据任务特点，每个实训项目又包含若干个子项目。

　　本书构建了以任务为驱动，学习目标、学习内容与学习任务相结合的学习形式，细化评价指标提升考核效果。通过本书的学习，读者可达到以下学习目的：了解城市轨道交通信号工作站显示的含义；掌握进路排列、道岔操作、站停时间调整、临时限速设置、终端信号封锁与解封、轨道封锁与解封等相关知识、中央与车站控制权转换、折返模式设置、全部扣车及发车、列车轻重晚点调整、ATS回放等相关操作，熟悉更改列车追踪号、更改列车运行等级、设置列车扣车与跳停等操作。

　　本书涉及了"城市轨道交通通信与信号系统""城市轨道交通行车组织"等课程的相关理论知识，可作为上述课程的配套学习材料。

　　本书可作为职业院校城市轨道交通运输与管理相关专业教材，也可作为城市轨道交通调度控制中心、车辆段、车站等从事相关行车岗位人员的培训用书。

　　本书在编写过程中，得到了成都地铁运营有限公司及成都轨道交通学院（筹）的帮助支持、悉心指导，在此谨表诚挚的谢意。由于编者水平有限，时间仓促，如有不足和疏漏之处，敬请读者给予批评和指正。

编　者
2020年6月

CONTENTS

目　录

实训一	行车调度软件认知

　　一、实训目的……………………………………………………………………1
　　二、实训设备……………………………………………………………………1
　　三、实训内容及相关准备工作…………………………………………………1
　　四、实训安排……………………………………………………………………1
　　五、实训步骤……………………………………………………………………1
　　六、实训考核内容及评分标准…………………………………………………7
　　七、思考题………………………………………………………………………7

实训二	进路排列及相关操作

　　一、实训目的……………………………………………………………………8
　　二、实训设备……………………………………………………………………8
　　三、实训内容及相关准备工作…………………………………………………8
　　四、实训安排……………………………………………………………………8
　　五、实训步骤……………………………………………………………………9
　　六、实训考核内容及评分标准…………………………………………………16
　　七、思考题………………………………………………………………………16

实训三	站停时间调整及相关操作

　　一、实训目的……………………………………………………………………17
　　二、实训设备……………………………………………………………………17
　　三、实训内容及相关准备工作…………………………………………………17
　　四、实训安排……………………………………………………………………17
　　五、实训步骤……………………………………………………………………17

六、实训考核内容及评分标准 …………………………………… 28

　　七、思考题 …………………………………………………………… 28

实训四　控制权限转换及相关操作

　　一、实训目的 ………………………………………………………… 29

　　二、实训设备 ………………………………………………………… 29

　　三、实训内容及相关准备工作 ……………………………………… 29

　　四、实训安排 ………………………………………………………… 29

　　五、实训步骤 ………………………………………………………… 29

　　六、实训考核内容及评分标准 ……………………………………… 37

　　七、思考题 …………………………………………………………… 38

实训五　VR 调整及相关操作

　　一、实训目的 ………………………………………………………… 39

　　二、实训设备 ………………………………………………………… 39

　　三、实训内容及相关准备工作 ……………………………………… 39

　　四、实训安排 ………………………………………………………… 39

　　五、实训步骤 ………………………………………………………… 39

　　六、实训考核内容及评分标准 ……………………………………… 51

　　七、思考题 …………………………………………………………… 51

附录 1　ATS 客户端用户

附录 2　站场图符号及显示含义

　　一、车站 ……………………………………………………………… 54

　　二、站台 ……………………………………………………………… 55

　　三、区段 ……………………………………………………………… 56

　　四、信号机 …………………………………………………………… 60

　　五、道岔 ……………………………………………………………… 62

　　六、列车 ……………………………………………………………… 63

实训一　行车调度软件认知

一、实训目的

（1）了解行车调度软件的组成及系统部署。
（2）掌握行车调度软件如何启动与退出。
（3）掌握行车调度软件中的基本操作。

二、实训设备

行车调度软件。

三、实训内容及相关准备工作

（1）学习正确启动正线 ATC 行车调度实训环境。
（2）学习正线创建/删除列车操作。
（3）学习初始化列车和缓解 EB 操作。
（4）学习正线设置目的地 ID 操作和列车 ATO 模拟运行操作。

四、实训安排

实训时长为 4 学时。

五、实训步骤

（一）启动正线 ATC 行车调度实训环境

（1）车调度软件登录界面由 IP 地址、工作站名称、组别、模式和登录按钮组成。这里 IP 地址指的是数据库服务器的 IP 地址，模式中可选择软件模式和联动模式（与电子沙盘联动）。登录界面如图 1-1 所示。

图1-1 行车调度软件登录界面

（2）单击学生机桌面的"行车调度软件"快捷方式或任务栏中的"ATC"图标，启动系统登录界面；在登录界面中输入数据库的IP地址，根据老师安排，选择相应的组别，再选择"ZC模拟系统"工作站，单击"登录"，进入所选组别的"ZC模拟系统"。

（3）在登录界面中输入数据库IP地址，选择登录"ZC模拟系统"时所选的组别，再选择"列车模拟系统"工作站，单击"登录"，进入所选组别的"列车模拟系统"。

（4）在登录界面中输入数据库IP地址，选择登录"ZC模拟系统"时所选的组别，再选择"ATS服务端"工作站，单击"登录"，进入所选组别的"ATS服务端"。

（5）在登录界面中输入数据库IP地址，选择登录"ZC模拟系统"时所选的组别，再选择"ATS工作站"，单击"登录"，进入所选组别的"ATS工作站"。

（6）在"ATS工作站"主菜单界面上，点击"访问控制"，选择"登录"，在弹出的"登录"界面上，输入要登录的ATS工作站"用户名"和"密码"（用户名及密码详见附件1），选择对应的"用户角色"，单击"确定"，登录所选的"ATS工作站"，账号登录方式如图1-2所示。

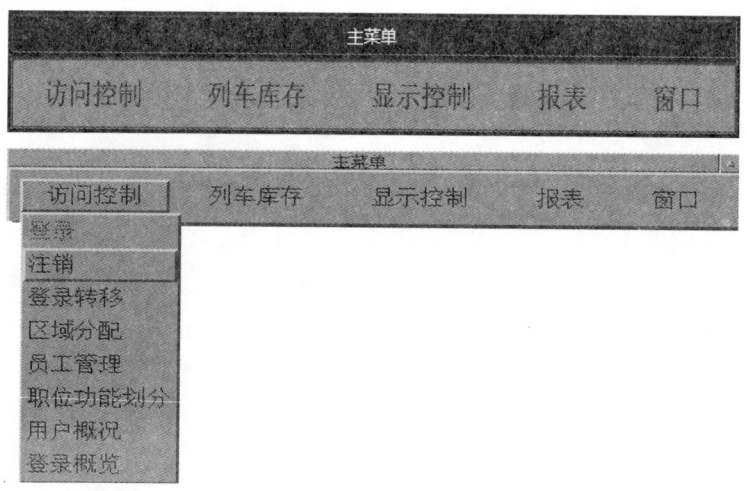

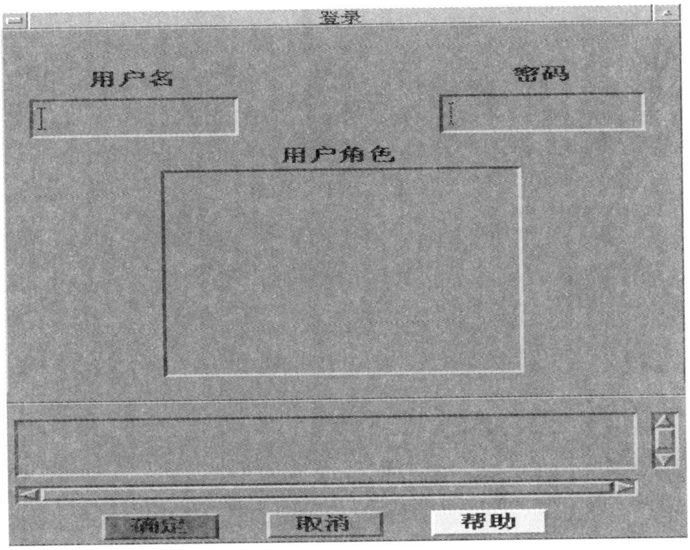

图 1-2　账号登录方式

（二）正线创建列车

（1）在 ZC 模拟系统中，右键单击站台或者区段，在弹出的右键菜单中选择"放置列车"，弹出"创建列车"对话框，具体如图 1-3 所示。

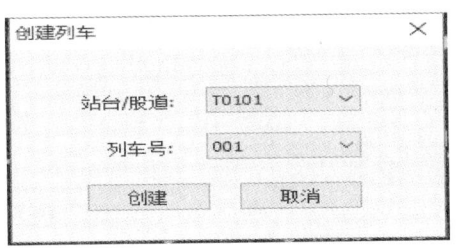

图 1-3　创建列车示意图

（2）在"创建列车"对话框中选择任一车号，单击"创建"按钮，则 ZC 模拟系统中相应的区域显示 1 个含有车号的列车图标；列车模拟系统中左边的列车选择栏中，相应车号的图标高亮显示。

（三）列车初始化

（1）在列车模拟系统中，单击选中需要初始化的列车图标，单击右上角的黄色箭头按钮，拉出列车初始化面板，如图 1-4 所示；在列车初始化面板中，选择需要列车运行的方向，单击"设置"按钮。如果设置成功，则列车模拟系统上该车 TOD 屏上的"列车定位图标"出现；ATS 模拟系统中，相应的站台区域显示含有车号的列车图标，列车图标箭头指示所设的运行方向。

（2）在列车模拟系统中，单击选中需要初始化的列车图标，单击"钥匙"图标（如表 1-1 所示），则钥匙转动，列车上电（此时 TOD 上显示列车处于紧急制动状态）。鼠标在当前挡位的位置按下，然后拖动到其他挡位，松开鼠标，则可以切换挡位。

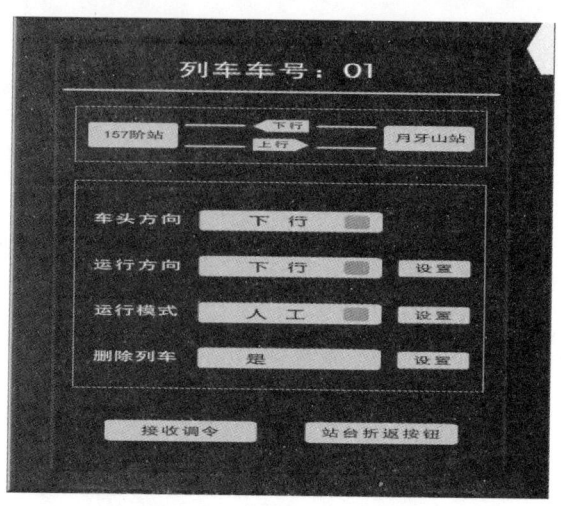

图 1-4 列车初始化面板

表 1-1 列车上电钥匙图表

图标	含义
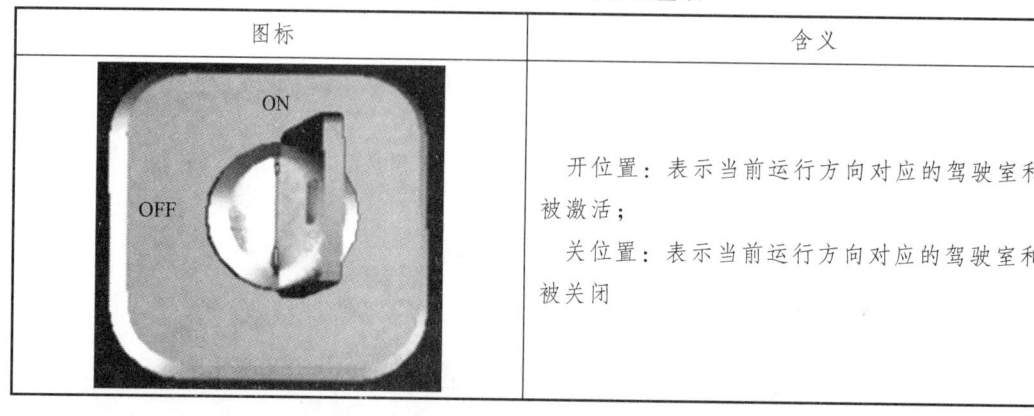	开位置：表示当前运行方向对应的驾驶室和 CC 被激活； 关位置：表示当前运行方向对应的驾驶室和 CC 被关闭

（3）拉动"牵引制动手柄"至"制动"位，再拉到"0"位，以缓解紧急制动。牵引制动手柄用于驾驶列车牵引、惰行、制动运行，具有四个基本挡位，如表 1-2 所示。鼠标在当前挡位的位置按下，然后拖动到其他挡位的位置，松开鼠标，则可以切换挡位。

表 1-2 列车牵引制动手柄图表

图标	含义
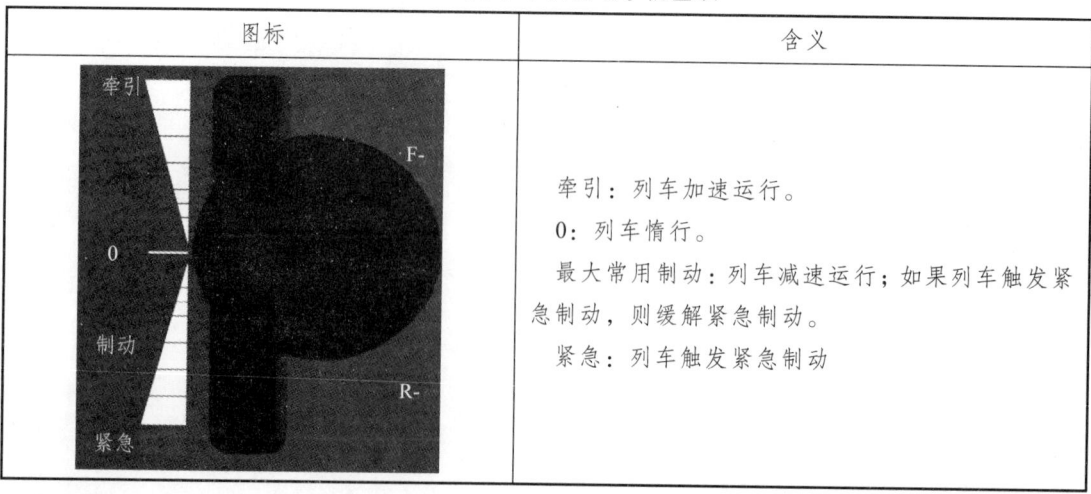	牵引：列车加速运行。 0：列车惰行。 最大常用制动：列车减速运行；如果列车触发紧急制动，则缓解紧急制动。 紧急：列车触发紧急制动

（四）设置列车目的地 ID

（1）在 ATS 模拟系统中，确认列车运行方向无误后，右键单击列车 TID 图标，如图 1-5 所示；在弹出的右键菜单中，选择"追踪号""目的地 ID"菜单，弹出"更改 DID"对话框，如图 1-6 所示。

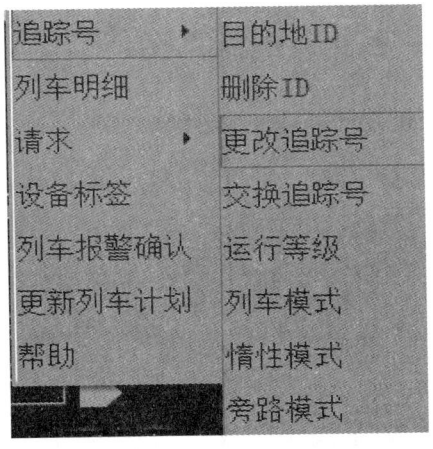

图 1-5　右键单击列车 TID 图标示意图

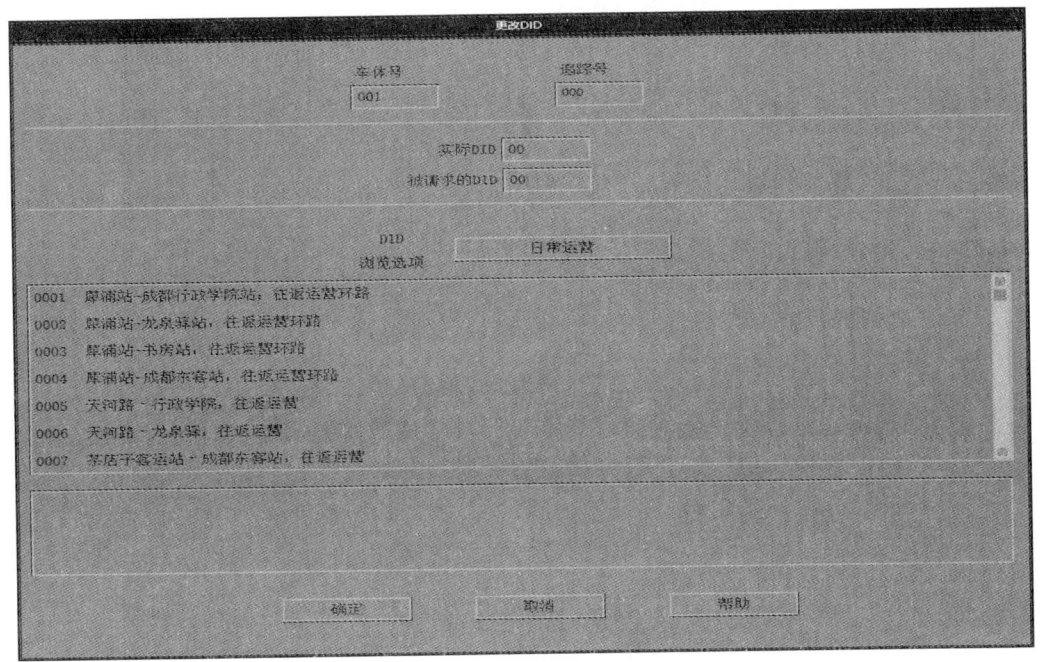

图 1-6　更改 DID 对话框示意图

（2）在"更改 DID"对话框中，单击选择一条经过列车图标的运行线，点击"确定"按钮，设置列车的目的地 ID。

（五）正线列车 ATO 运行

（1）在列车模拟系统中，转动"信号模式开关 1"，将列车驾驶模式切换到 ATO，TOD

屏上显示驾驶模式为"ATO",如图 1-7 所示。

（2）在列车模拟系统中,长按"ATO 运行"按钮 1 s 以上的时间后松开,则列车从当前站台向前自动运行。

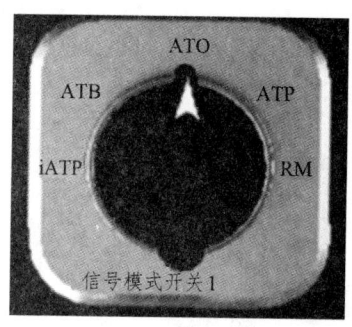

图 1-7　信号模式开关示意图

（3）切换到 ATO 模式后,如果 ATO 模式不可用,则触发紧急制动;如果 ATO 模式可用,且列车具有发车授权,则 ATO 按钮点亮,按压 ATO 按钮后,列车发车。

（六）正线删除列车

（1）选择 ZC 模拟系统:菜单"列车"→"删除列车"（若在正线:可右键单击界面上的列车图标→"删除列车",弹出"删除列车"对话框）。通过右键单击列车弹出的对话框,单击列车的车号会显示在对话框上。如图 1-8 所示。

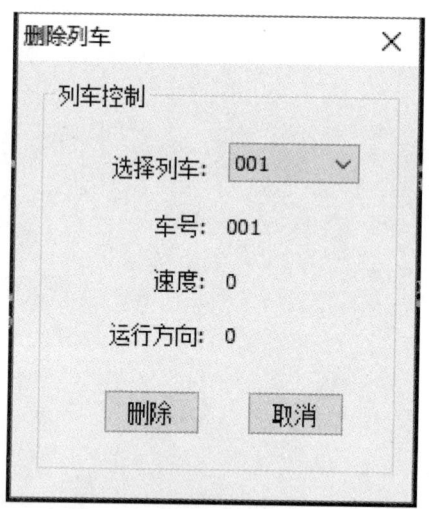

图 1-8　删除列车对话框

（2）选择列车,点击"删除"按钮删除列车,点击"取消"或"×",退出"列车删除"对话框。

（七）退出正线 ATC 行车调度实训环境

（1）在"ZC 模拟系统"主界面,单击标题栏的"×（关闭）"按钮,则"ZC 模拟系统"

回到登录界面；"列车模拟系统""ATS 模拟系统"及各个"区域集中站的 ATS 工作站"随即自动退出，回到登录界面。

（2）关闭各个登录界面。

六、实训考核内容及评分标准

实训考核内容及评分标准如表 1-3 所示。

表 1-3 行车调度软件认知实训验收表

序号	考核项目	分值
1	启动行车调度软件，并登录××站 ATS 工作站	20
2	在××站上行站台创建列车 201 次	20
3	对 201 次进行初始化	15
4	设置 201 次列车目的地为××站至××站交路往返运营	15
5	设置 201 次列车 ATO 模式运行	10
6	删除 201 次列车	10
7	退出行车调度软件实训环境	10

备注：考核项目在规定时间内操作成功得满分，未操作成功不得分。

七、思考题

（1）简述如何正确启动正线 ATC 行车调度实训环境。

（2）简述行车调度软件各个组成子系统，以及它们分别模拟了 CBTC 系统中的哪些主要功能。

实训二　进路排列及相关操作

一、实训目的

（1）掌握排列进路的必要条件。
（2）掌握排列进路及取消进路的操作方法。
（3）掌握终端信号封锁与解封的操作方法及注意事项。
（4）掌握道岔单操、单锁的方式方法。
（5）掌握轨道封锁与解封的含义及相关操作。
（6）理解掌握创建临时限速与删除临时限速的适用情况及操作方法。

二、实训设备

行车调度软件。

三、实训内容及相关准备工作

（1）操作排列某一条进路。
（2）取消已排列的进路。
（3）将某个终端信号封锁。
（4）将终端信号解封。
（5）将某个道岔操作至定位。
（6）将某个道岔操作至反位。
（7）将某个道岔单锁。
（8）将某个已单锁的道岔解锁。
（9）输入 TID。
（10）对某个轨道区段进行轨道封锁与解封操作。
（11）对某个轨道区段创建临时限速与删除临时限速操作。
（12）提前预习并掌握站场图符号及其显示的含义，详见附件 2。

四、实训安排

实训时长为 4 学时。

五、实训步骤

（一）排列进路

（1）进路必须满足以下由一对始端/终端信号功能设置的条件：
① 进路必须有效。
② 道岔未锁闭在相反的位置。
③ 终端信号未封锁。
④ 始端信号和终端信号之间没有处于占用状态的轨道。
⑤ 没有敌对的延伸进路锁闭。
⑥ 未设置敌对进路。
⑦ 请求进路区域内没有激活的紧急停车。

（2）操作方法。
① 直接左键单击进路始端信号机，或右键单击信号机，弹出菜单，选择"始端/终端选择"，如图 2-1 所示。

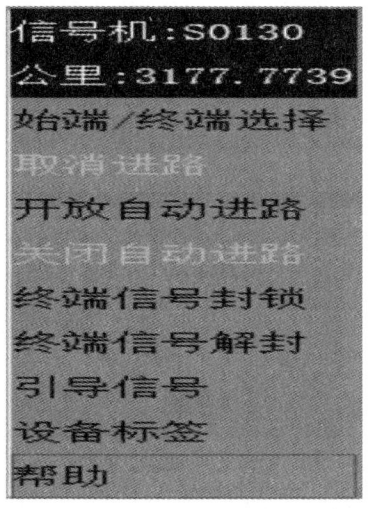

图 2-1　始端/终端选择示意图

② 始端信号机变为红色三角形，可选终端信号机灯柱变为粉红色三角形闪烁状态。
③ 左键单击进路终端信号机，或右键单击信号机，弹出菜单，选择"始端/终端选择"。
④ 右键点击站场图界面，选择"发送"。
⑤ 进路请求被发送到 ZC 模拟系统，ZC 模拟系统通过联锁逻辑判断后，建立相应进路，并返回进路状态信息到 ATS 显示。
⑥ 点击"×"，退出。

（二）取消进路

（1）右键单击信号机，弹出菜单，选择"取消进路"，如图 2-2 所示。

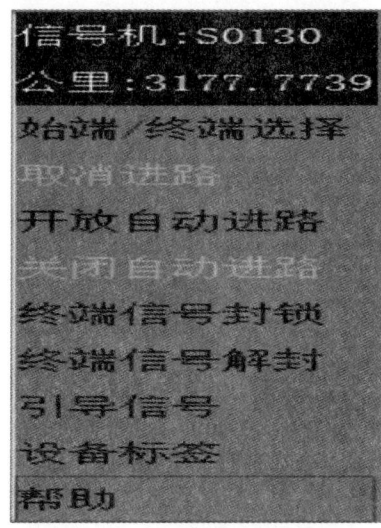

图 2-2 取消进路示意图

（2）右键点击站场图界面，选择"发送"。

（3）取消进路请求被发送到 ZC 模拟系统，ZC 模拟系统经过联锁逻辑判断后，解锁进路，并返回进路状态信息到 ATS 显示。

（三）终端信号封锁

适用情况说明：如果不希望以某个信号机为终端的进路被建立出来时，可设置信号机终端封锁。信号机终端解封可解除对信号机终端的封锁。

（1）右键单击信号机，弹出菜单，选择"终端信号封锁"。

（2）右键点击站场图界面，选择"发送"。

（3）设备封锁请求被发送到 ZC 模拟系统，ZC 模拟系统进行联锁检查后，对信号机进行封锁，并返回状态到 ATS 界面显示。

（四）终端信号解封

适用情况说明：信号机被设置终端信号封锁以后，任何以该信号机为终端信号机的进路都不能被建立出来。通过终端信号解封操作，可解除信号机的终端封锁。

（1）右键单击信号机，弹出菜单，选择"终端信号解封"。

（2）单击操作请求堆栈的"发送请求"按钮或右键点击站场图界面，选择"发送"。

（3）设备解封请求被发送到 ZC 模拟系统，ZC 返回 E 类菜单使能。

（4）右键单击"E"标识，弹出菜单，选择"启用"。

（5）右键点击站场图界面，选择"发送"，执行解封的请求被发送到 ZC 模拟系统执行，设备封锁被解除。

（五）道岔定位/反位操作

说明：道岔定位和道岔反位操作，可将某个道岔扳到定位或反位，如果该道岔有联动道岔，则联动道岔也会被扳到同样的位置。

（1）右键单击道岔，弹出菜单，选择"道岔定位/反位"，如图2-3所示。

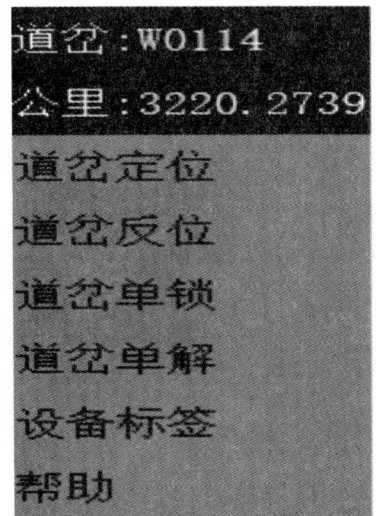

图2-3 道岔定/反位示意图

（2）右键点击站场图界面，选择"发送"。

（3）请求被发送到ZC模拟系统，ZC经过联锁逻辑判断后，将道岔扳到定位/反位，并将道岔位置信息返给ATS。

（六）道岔单锁

（1）右键单击道岔，弹出菜单，选择"道岔单锁"，如图2-3所示。

（2）右键点击站场图界面，选择"发送"。

（3）请求被发送到ZC模拟系统，ZC模拟系统进行联锁检查后，对道岔进行单锁，并返回状态到ATS界面显示。

（七）道岔单解

（1）右键单击道岔，弹出菜单，选择"道岔单解"，如图2-3所示。

（2）右键点击站场图界面，选择"发送"。

（3）设备解封请求被发送到ZC模拟系统；ZC返回E类菜单使能。

（4）右键单击"E"标识，弹出菜单，选择"启用"，操作请求堆栈显示设备启用请求成功的信息。

（5）单击操作请求堆栈的"发送请求"按钮。

（6）执行解封的请求被发送到ZC模拟系统执行，设备封锁被解除。

（八）输入TID

情况说明：获取TID的方式有手动在轨道区段设置和在根据时刻表自动分配两种。

手动分配方式：一个区段只能允许分配一个 TID，直到该 TID 被拾取。

自动分配方式：根据时刻表时间在转换轨自动放置 TID，列车运行到转换轨拾取 TID。

（1）右键点击轨道，选择"输入 TID"，在弹出窗口中选择车体号及追踪号，单击确定，当该列车到达该区段时，拾取对应的追踪号，如图 2-4 所示。

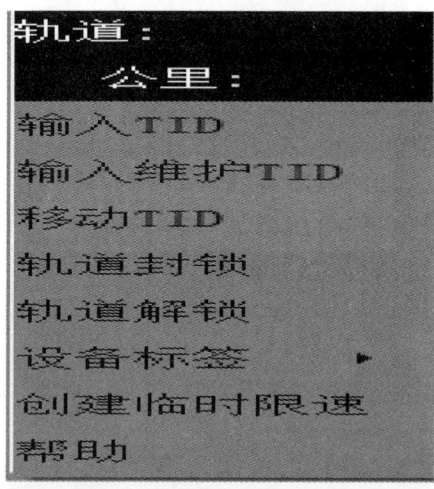

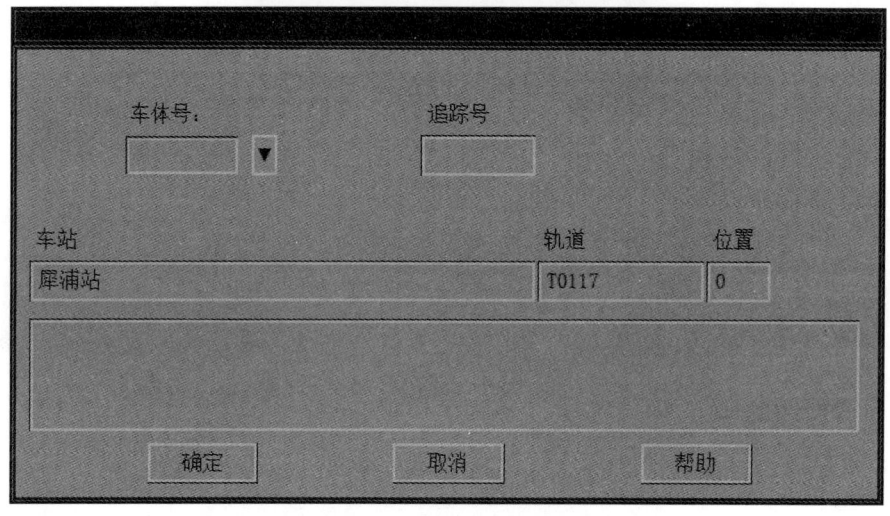

图 2-4　TID 设置方式

（九）轨道封锁

使用情景：当系统中的某个区域由于发生故障而无法通行时，此时可通过轨道封锁操作对故障区域进行封锁，防止列车进入该区域。待故障恢复后，再通过轨道封锁解除操作来解除对该区域的封锁。

设置轨道封锁以后，通过该区段的进路不能建立，列车无法进入该区域，必须通过轨道封锁解除操作来解除轨道的封锁，才能重新建立进路。

（1）右键单击轨道，弹出菜单，选择"轨道封锁"，如图 2-5 所示。

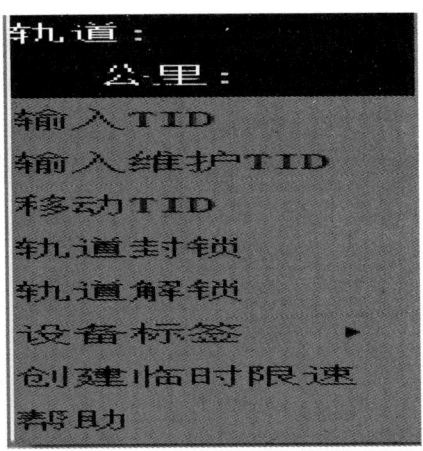

图 2-5　轨道封锁示意图

（2）操作请求堆栈显示轨道封锁请求，对应轨道灰色闪烁。

（3）右键点击站场图界面，选择"发送"。

（4）请求被发送到 ZC 模拟系统，ZC 模拟系统进行联锁检查后，对轨道进行封锁，并返回状态到 ATS 界面显示。

（5）点击"×"，退出。

（十）轨道封锁解除

（1）右键单击轨道，弹出菜单，选择"轨道解锁"。

（2）操作请求堆栈显示轨道封锁解除的请求。

（3）右键点击站场图界面，选择"发送"。

（4）设备解封请求被发送到 ZC 模拟系统，ZC 返回 E 类菜单使能。

（5）右键单击"E"标识，弹出菜单，选择"启用"，如图 2-6 所示。

（6）单击操作请求堆栈的"发送请求"按钮。

（7）执行解封的请求被发送到 ZC 模拟系统执行，设备封锁被解除。

（8）点击"×"，退出。

图 2-6　E 标志示意图

（十一）创建临时限速

使用情景：在临时限速窗口设置相关数据，使列车在相关区段限速运行。

（1）将鼠标指针移至欲用作速度限制的轨道设备上，然后单击鼠标右键→左键选择创建临时限速。系统显示"临时限速"窗口,内部起始点(kp)、内部终止点(kp)、内部名称和 CBTC 轨道 ID 都已填充,CBTC 起始点会自动生成,当内部终止点被选择后,CBTC 终止点随之自动生成,同时还需要选择速度限制的大小及方向,如图 2-7 所示。

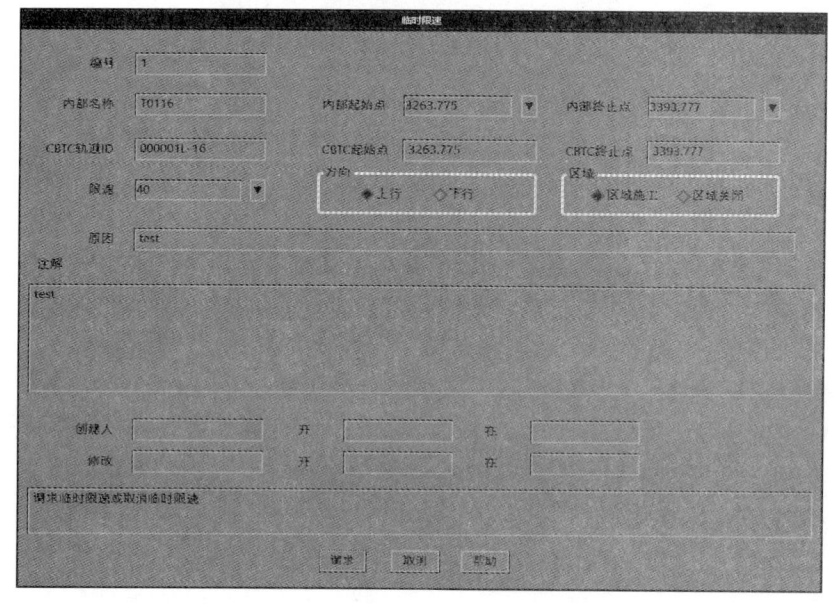

图 2-7 临时限速窗口示意图

(2)输入速度限制原因描述。可以选择在"注解"字段输入解释性说明。

(3)有需要可选施工区域或区域关闭复选框。

(4)单击"请求"。系统将显示临时限速确认窗口。

(5)在 60 s 内填写空白字段并点击确认创建该临时限速,如图 2-8 所示。系统将随后创建该临时限速。点击"取消"将关闭确认窗口。仅可在您的控制权限范围内设置 TSR。一旦建立 TSR,它在被移除之前一直有效。注意不能在有车的区域设置临时限速。

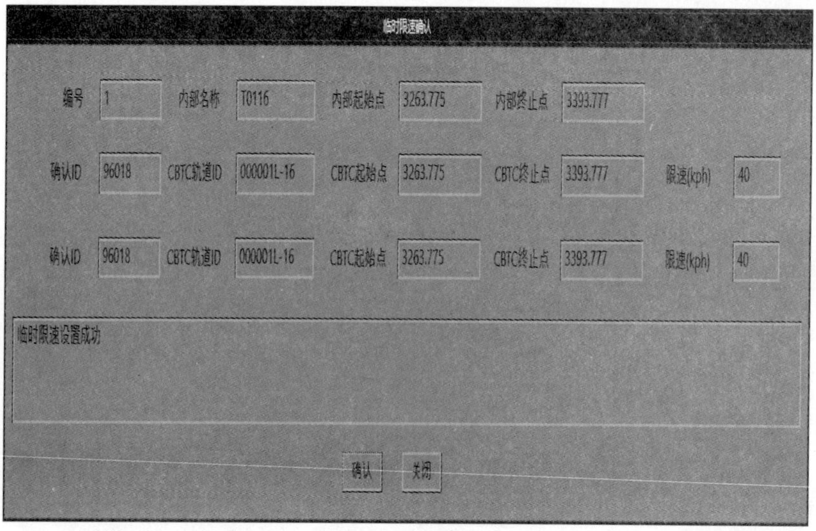

图 2-8 临时限速信息填写示意图

(十二) 删除临时限速

说明：通过点击窗口菜单，显示临时限速概要表，可在此窗口中删除临时限速。
（1）从主菜单选择窗口→临时限速→临时限速概要表。系统显示临时限速概要表。
（2）选择要删除的临时限速，如图2-9所示。

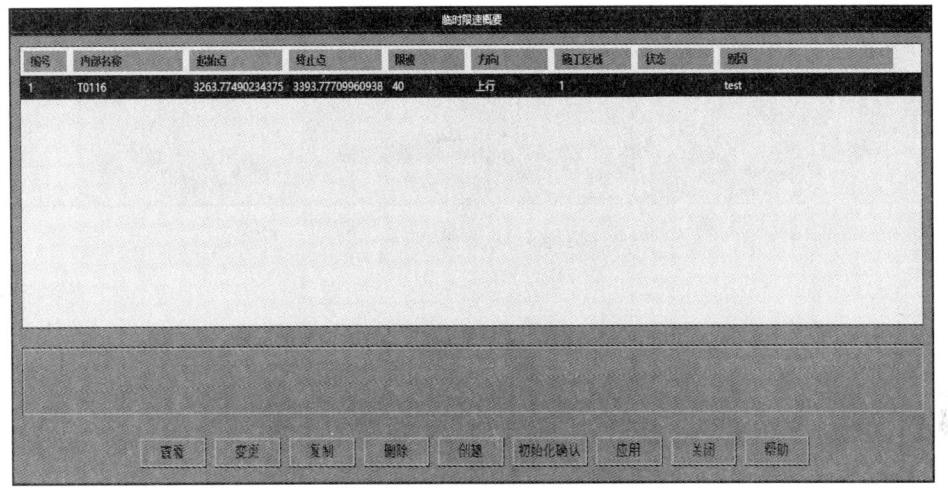

图2-9　临时限速概要示意图

（3）点击窗口底部的删除按钮。系统显示临时限速窗口，包含了所选临时限速的信息。
（4）窗口中包含一条要删除临时限速的提示信息，点击请求按钮来删除临时限速，如图2-10所示。

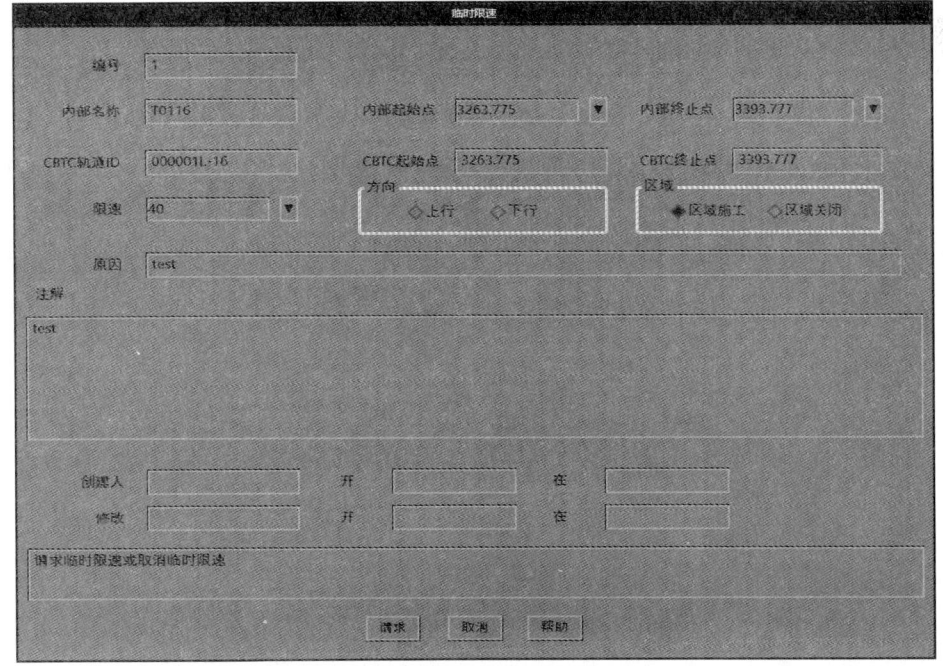

图2-10　临时限速删除提示信息示意图

（5）系统显示临时限速确认窗口，显示提示信息："请在120秒内确认信息"，如图2-11所示。

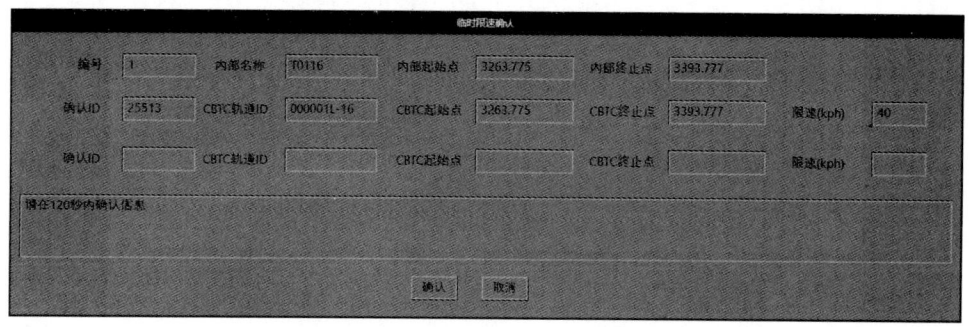

图 2-11 临时限速确认提示信息示意图

（6）在空白处填写相应信息，并在120 s内点击确认删除该临时限速。系统将删除该条临时限速，并且在确认窗口中显示确认信息。

六、实训考核内容及评分标准

实训考核内容及评分标准见表2-1。

表 2-1 行车调度软件进路排列及相关操作实训验收表

序号	考核项目	分值
1	排列/取消××站—××站上行列车进路	10
2	将××站上行出站××信号机终端信号封锁/解封	10
3	将××站××道岔进行定位/反位操作	10
4	将××站××道岔单锁/解锁	10
5	在××站上行××区段设置输入101次（TID）	20
6	将××站下行××轨道封锁/解除	20
7	创建/删除××站下行××区段临时限速（30 km/h）	20

备注：考核项目在规定时间内操作成功得满分，未操作成功不得分。

七、思考题

（1）如何排列进路、取消进路、信号封锁及解封？

（2）如何操作某个道岔至定位/反位、单锁、解锁操作？

（3）如何进行轨道封锁与解封？

（4）如何创建临时限速与删除临时限速？

实训三　站停时间调整及相关操作

一、实训目的

（1）掌握列车追踪号和目的地号的含义。
（2）掌握更改列车目的地号、更改追踪号与运行等级的操作方式。
（3）掌握调整站停时间、扣车及跳停的操作方式。

二、实训设备

行车调度软件。

三、实训内容及相关准备工作

（1）更改某次列车目的地号。
（2）删除某次列车 ID。
（3）更改某次列车追踪号。
（4）更改某次列车运行等级。
（5）调整某个车站停站时间。
（6）设置某个站台扣车。
（7）设置某个车站所有列车跳停。
（8）请学生提前预习掌握站场图符号及显示含义，详见附件2。

四、实训安排

实训时长为 4 学时。

五、实训步骤

（一）更改 DID（目的地号/交路号）

说明：对于无运行计划的列车，或者运行计划需要变更的列车，可对其进行更改 DID 的操作，更改列车的 DID，为其分配适当的运行计划。

更改 DID 操作主要为非计划列车设置运行计划，未设置 DID 的列车可通过此操作设置运行计划，已存在 DID 的列车通过此操作更改运行计划。ATS 依据 DID 为列车请求自动进路。列车识别号详见附件 2。

（1）操作方法：右键单击列车追踪 ID，选择追踪号→目的地 ID，弹出"更改 DID"对话框，如图 3-1 所示。

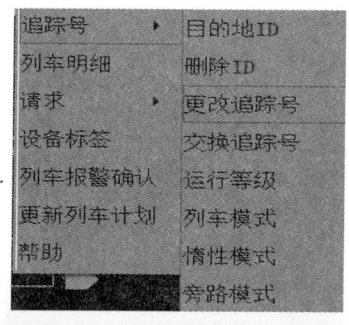

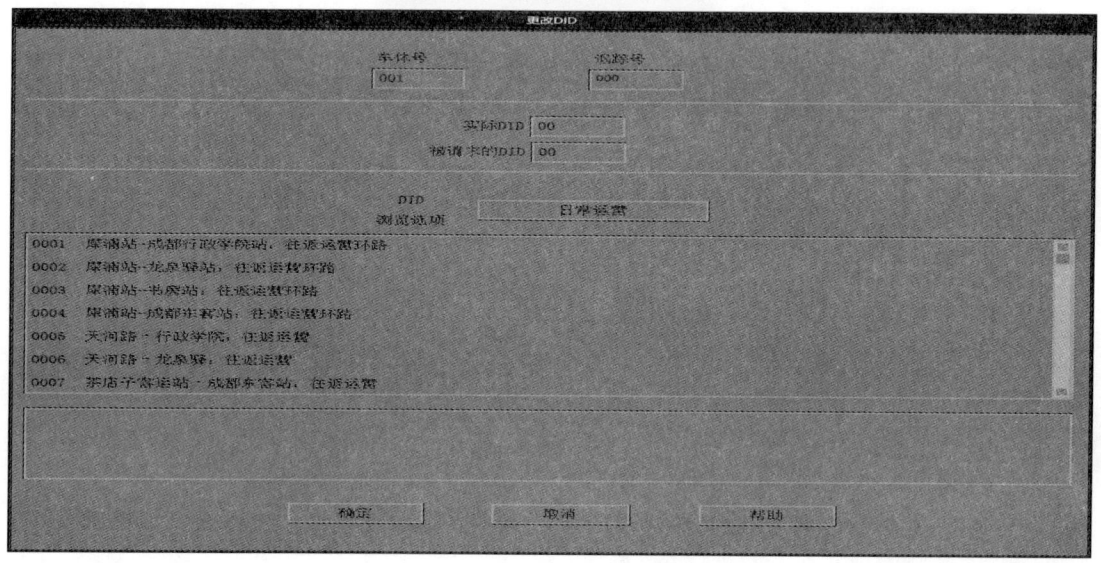

图 3-1 更改 DID 对话框

（2）系统自动显示选择列车的车体号、追踪号和实际的 DID 信息。

（3）在列车中选择新的 DID，点击确定按钮，系统会将新的 DID 分配给列车，并控制列车按照新的 DID 运行。

（4）点击"关闭"或"×"，退出对话框。

（二）删除 ID

说明：想要删除列车当前的运行计划或列车退出运营时清理列车运行相关信息，可使用删除列车 ID 的操作。删除列车 ID 后，列车的 TID 和 DID 均被删除，ATO 和 ATPM 模式的列车运行到 MAL（移动授权点）终点停车，iATP 和 RM 模式列车运行到最近的红灯信号机前停车。

（1）操作方法：右键单击列车追踪 ID，选择追踪号→删除 ID，弹出"删除 ID"对话框，如图 3-2 所示。

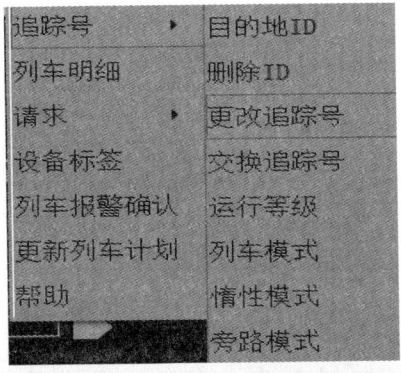

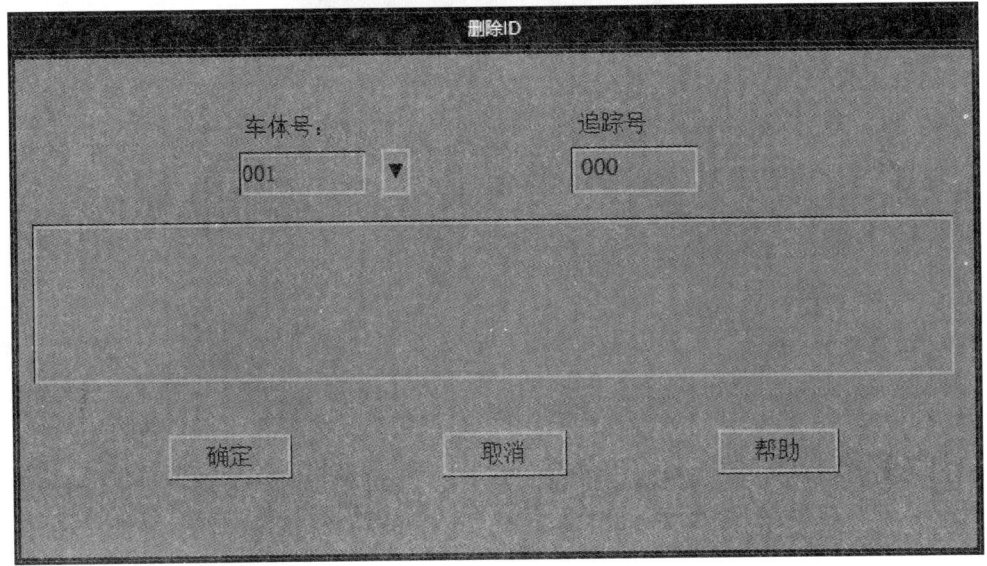

图 3-2　删除 ID 对话框

（2）系统自动显示选择列车的车体号和追踪号信息。

（3）点击确定按钮，系统会删除当前列车的 TID 和 DID 信息。

（4）点击"关闭"或"×"，退出对话框。

（三）更改追踪号

说明：更改追踪号操作一般用于修改非计划列车的追踪号，非计划列车的追踪号范围是 200~999，计划列车追踪号范围是 101~199。计划追踪号由系统根据时刻表运行计划自动放置在转换轨，并赋予出库列车，是无法通过人工设置的。非计划列车追踪号可根据系统需要任意修改，若将一列计划列车的追踪号修改为非计划列车的追踪号，则该列车也随即变为一列非计划列车。

（1）操作方法：右键单击列车追踪 ID，选择追踪号→更改追踪号，弹出"更改追踪号"对话框，如图 3-3 所示。

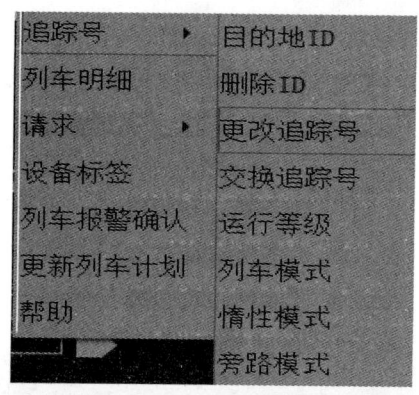

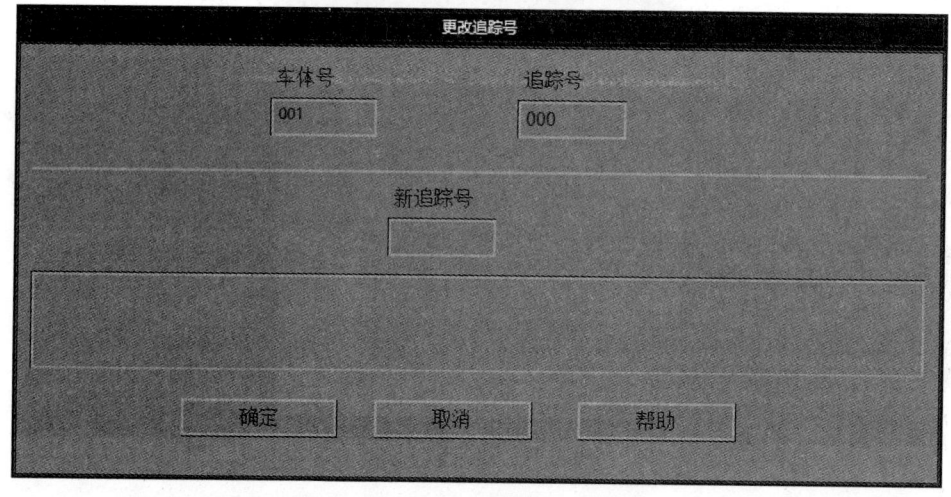

图 3-3　更改追踪号对话框

（2）系统自动显示选择列车的车体号和追踪号信息。

（3）输入新的追踪号，点击确定按钮，系统会将当前列车的 TID 更新为新设置的追踪号。

（4）点击"关闭"或"×"，退出对话框。

（四）更改运行等级

说明：更改列车的运行等级主要用于修改列车的运行级别，一般在需要做列车运行调整时使用，如列车运行间隔调整。列车的运行等级包括 5 个等级，1——最大速度，2——正常运行，3——减速 80% 低于最大值，4——减速 70% 低于最大值，5——节能，通常情况下，列车的默认等级为 2。调整列车运行等级后，列车运行的速度也会根据不同等级做相应的改变。

（1）操作方法：右键单击列车追踪 ID，选择追踪号→运行等级，弹出对话框，如图 3-4 所示。

（2）系统自动显示选择列车的车体号、追踪号和当前的运行等级信息。

（3）选择新的运行等级，点击确定按钮，系统将列车的运行等级更新为设定的值。

（4）点击"关闭"或"×"，退出对话框。

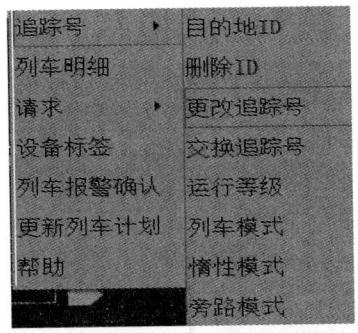

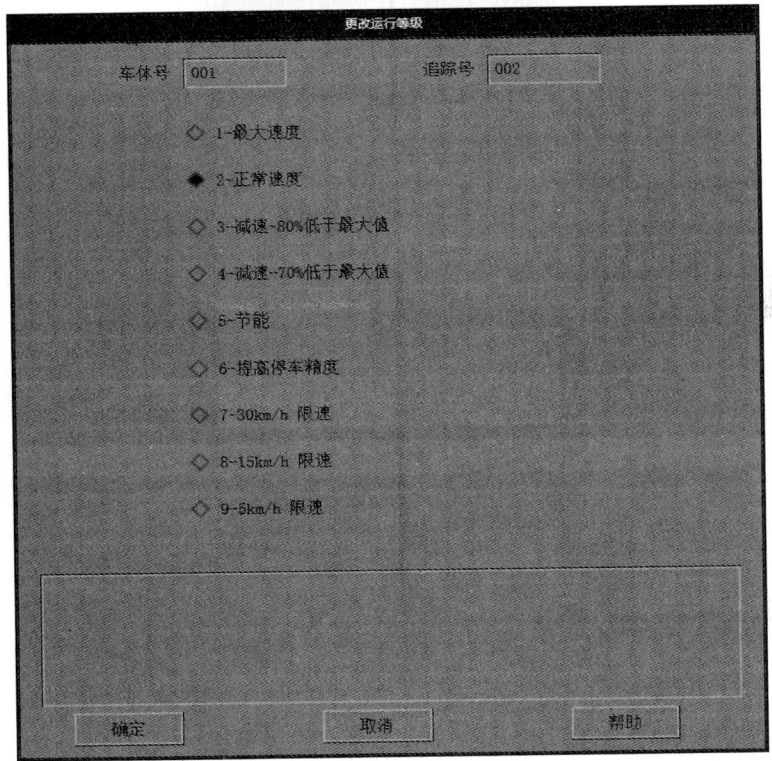

图 3-4　更改运行等级对话框

（五）列车明细

说明：可以通过列车明细表查看当前列车的车体号、车站、轨道等信息。系统未收到相关列车显示前，表中的一些栏保持空白。表中的数据来自列车，由调度员输入，系统计算和列车报告系统。

（1）操作方法：鼠标右键点击站场图上的车次窗，从弹出的菜单选择显示列车明细，如图 3-5 所示。

（2）在列车明细表中，显示如下只读信息：

列车信息：窗口顶端部分显示下列栏目。

车体号：该栏显示系统收到来自列车的车辆永久 ID。

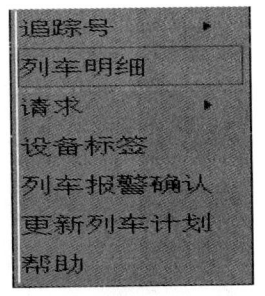

图 3-5　列车明细对话框

司机 ID：该栏显示司机的员工 ID。

车站：该栏显示所选追踪 ID 的当前车站。

轨道：该栏显示所选追踪 ID 的当前轨道区段。

窗口主要显示部分有 4 组不同的信息设置，哪个按钮激活就显示哪组信息。4 个标签分别是列车控制及状态、表示、CBTC 状态和列车行程。

列车控制及状态显示以下信息：

列车控制：这部分显示控制请求列表和控制请求状态。

请求：上一次请求的列车控制指令。

实际的：实际的列车标示。显示实际收到的最后标示的状态。

列车状态：这部分显示可用的中央 ATS 判断的列车状态。

（3）表 3-1 描述了中央 ATS 判断的列车状态。

表 3-1　中央 ATS 判断的列车状态

中央 ATS 判断的列车状态	
状况	描述
列车丢失	列车追踪子系统无法为车次窗匹配占用
失去响应	最后收到的追踪号或目的地 ID 的实际值和预想值不匹配
次要故障	列车有次要故障
主要故障	列车有主要故障
严重故障	列车有严重故障
无线故障	无线系统对列车报告故障
列车是维修车	系统指定列车为维修车
接近工作区域	列车接近一个受限的工作区域
NRM 模式	列车是全人工模式；驾驶员承担所有列车运行和列车安全的责任。旁路 ATP 系统，允许驾驶员在没有速度指令的情况下移动列车
自动模式	默认模式。无论是车辆自动调整系统还是降级运行的自动逻辑都将控制列车的计划/进路，并管理列车停站时间
人工	车辆自动调整操作被禁止，无法实行列车计划/自动进路控制和管理默认停站时间。在中央失效时，系统将处于本地人工模式，必须在车站 ATS 控制进路

（4）列车明细表在窗口中显示当前列车的数据。默认显示列车控制和状态项，如图 3-6 所示。

（5）表示：表示标签包括列车表示和当前状态。这些字段在收到相关联列车的信息之前都是空白的。这些表示都是列车最近收到的，如图 3-7 所示。

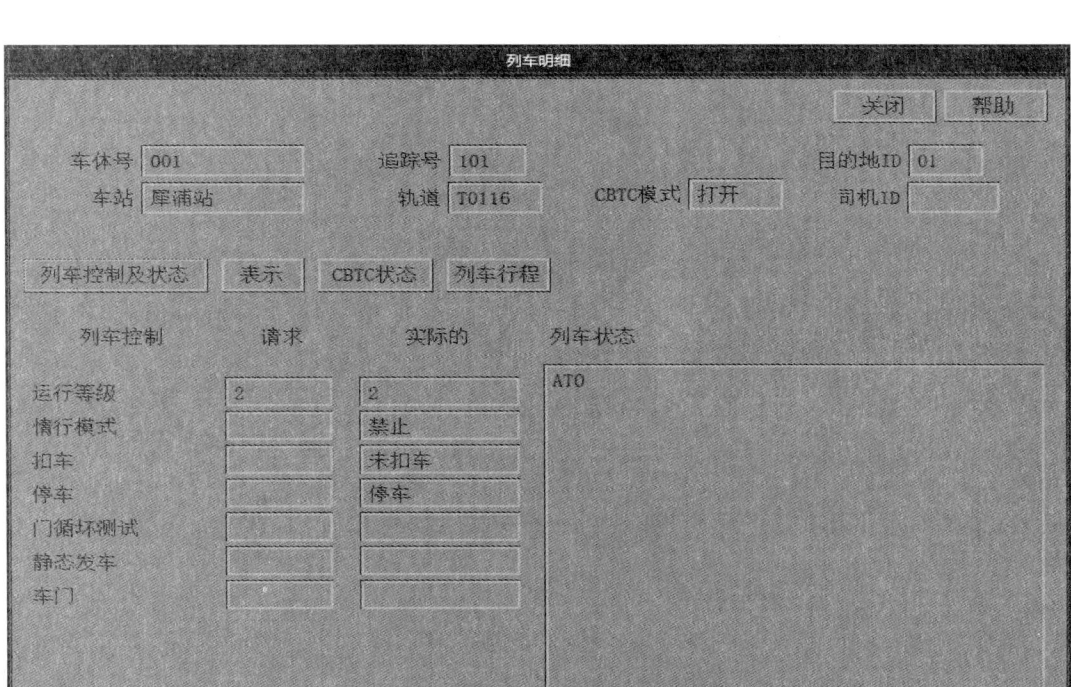

图 3-6　列车控制和状态项

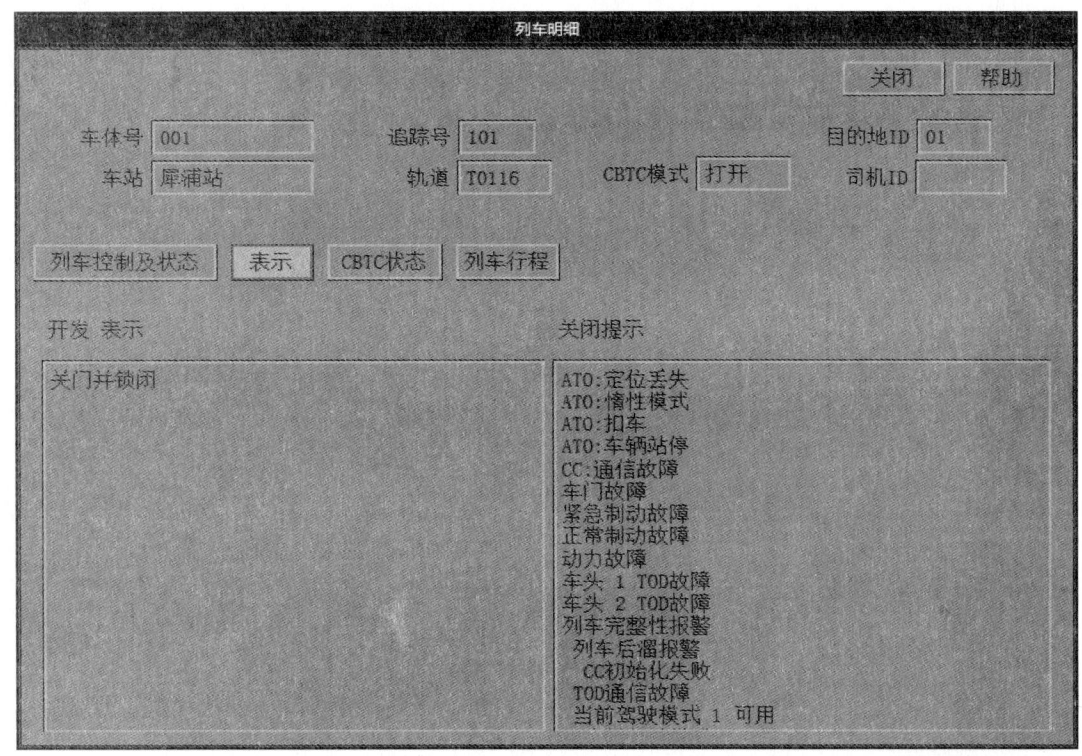

图 3-7　列车表示

（6）CBTC 状态：该项包含 CBTC 状态和当前状态。这些字段在收到相关联列车的状态之前都保持空白。这些状态都是列车在近期收到的，如图 3-8 所示。

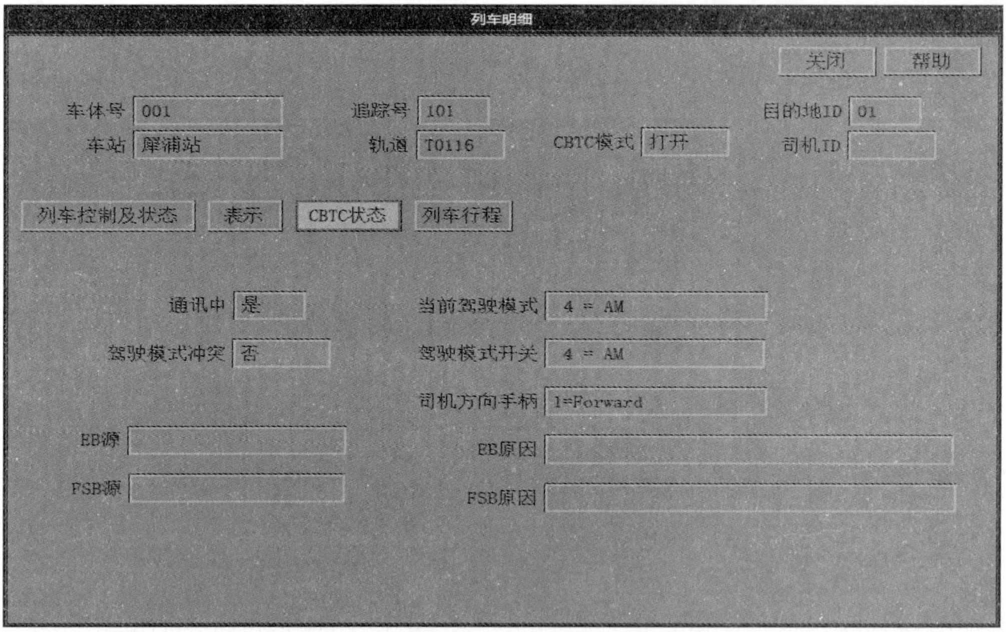

图 3-8 列车 CBTC 状态

（7）列车行程：该项包含从列车报表系统接收到的列车行程的停站车站和运行信息。这些信息是列车最近收到的。

如果来自列车报表系统的行程信息和 ATS 系统中对应车站的行程信息不一致，系统将设置为列车失去通信，如图 3-9 所示。

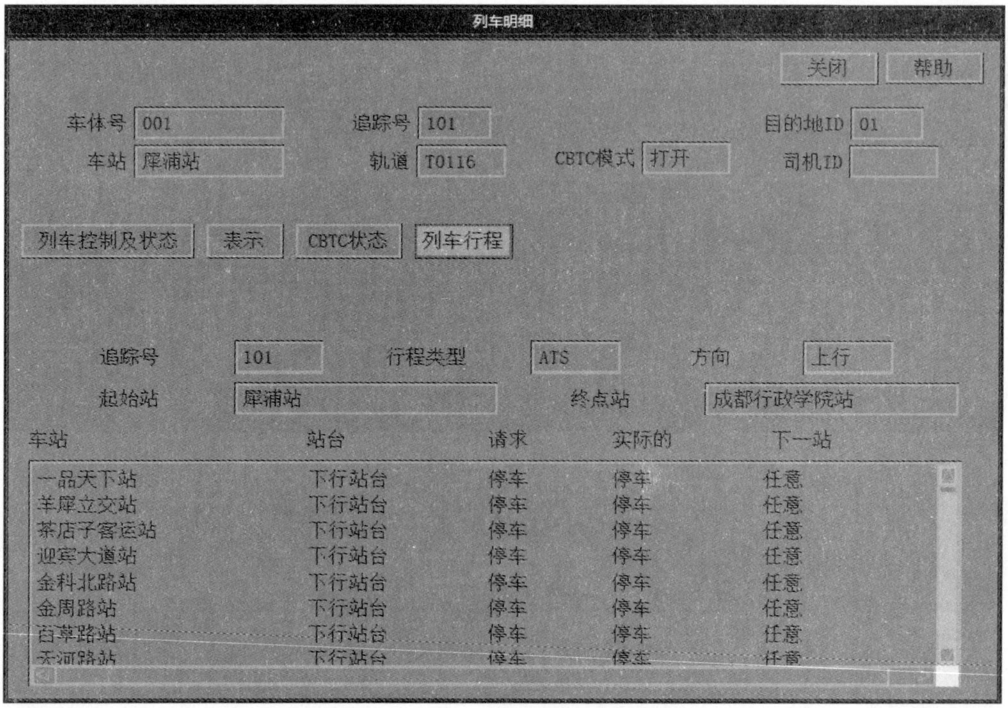

图 3-9 列车行程

（六）调整站台停站时间

说明：能使用站台停靠表来为一个站台规划默认停站时间。各个站台的默认停站时间被定义在系统配置内。能用该窗口去修改预定义的默认停站时间。

当中央 ATS 在线，车站和列车都在自动模式下，由 VR 决定停站时间。如果选择了使用默认停站时间，那么 VR 将使用指定的默认停站时间。如下情况，VR 可能会延长停站时间。

（1）列车有一个有效扣车，列车无法到达下站。

（2）站台前方的一列或多列列车有有效的扣车，列车无法到达下站。

（3）前方有其他紧急情况，列车无法到达下站。

如果选择使用最小/最大范围单选按钮，VR 将选用一个最大最小范围内的停站时间，尽可能匹配时刻表。如有以上情况，将导致列车无法到达下站，或者时间表显示的发车时间迟于最大停站时间，VR 使用的停站时间超过最大停站时间栏。

（1）操作方法：移动鼠标指针到站台图标上，点击鼠标左键。显示车站站台概要表，如图 3-10 所示。

图 3-10 车站站台概要示意图

请扫二维码观看车站站台概要示意图

（2）在车站站台概要表中，移动鼠标指针到站台停站调整，点击鼠标左键。显示画面如图 3-11 所示。

图 3-11 站停时间菜单

（3）在站停时间菜单中，选择站台停车，选择后的画面如图 3-12 所示。系统打开站台停车窗口，已自动填写车站和轨道栏。

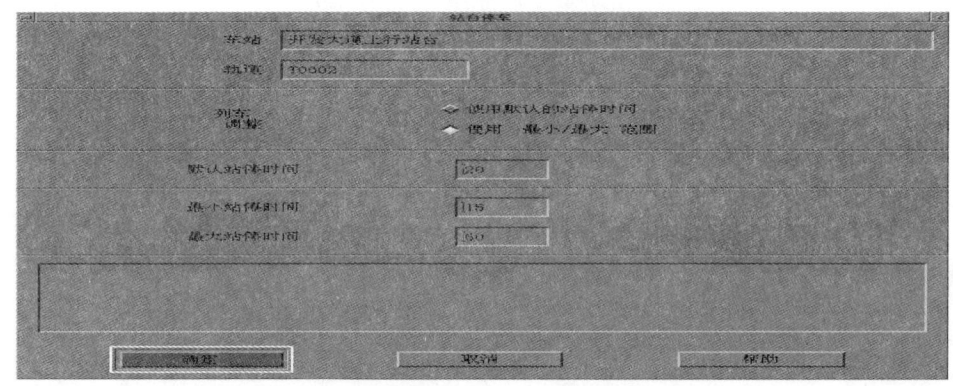

图 3-12 站台停车对话框

（4）选择列车调整类型。

① 选择使用默认的站停时间单选按钮，并修改默认停站时间栏。

② 选择使用最小/最大范围单选按钮，并修改最大停站和最小停站栏。

（5）点击确定，保存变更并退出。

（七）设置站台扣车

说明：调度员可修改站台的扣车/放行属性。若该站台设为扣车，则进入该站台的列车一直停在该站台，直至调度员将属性调为"放行"。

（1）操作方法：左键单击站台，弹出站台概要表，右键点击站台概要表窗口界面，界面如图 3-13 所示。

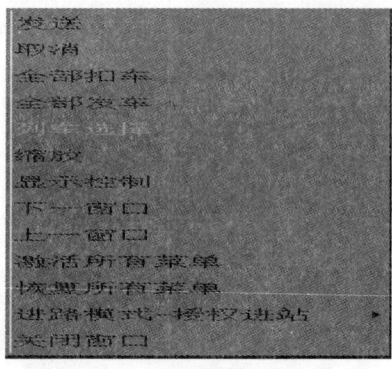

图 3-13 站台概要表窗口界面

（2）选择"全部扣车"。
（3）右键点击站台概要表窗口界面，点击"发送"。
（4）设置后，站场图上扣车图标变为黄色，列车到达站台后，被扣列车车体显示黄色闪烁，如图 3-14 所示。

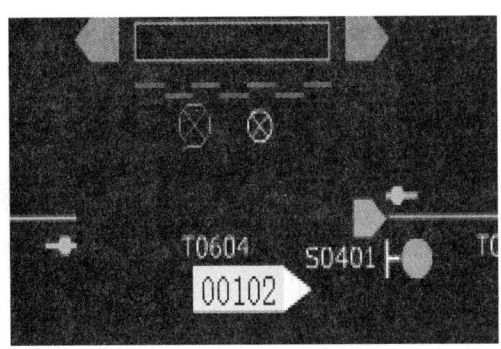

图 3-14　被扣列车颜色显示

（5）右键点击站台概要窗口背景界面，选择"关闭窗口"，退出。

（八）设置站台跳停

说明：调度员可修改站台的跳停（不停站、直接通过）属性。
（1）操作方式：左键单击站台，弹出站台概要表，右键点击站台概要表窗口界面。
（2）右键点击"设置/取消所有跳停"，选择"所有列车跳停本站"，"设置/取消所有跳停"变为黄色闪烁，如图 3-15 所示。

图 3-15　设置/取消所有跳停颜色显示

（3）右键点击站台概要表窗口界面，点击"发送"，"设置/取消所有跳停"变为稳定的黄色，站场图上该站台显示黄色。
（4）设置后，站场图上扣车图标变为黄色，列车到达站台后，不停站直接越过，如图 3-16 所示。

图 3-16　站台扣车颜色显示

（5）右键点击站台概要窗口背景界面，选择"关闭窗口"，退出。

六、实训考核内容及评分标准

表 3-2　行车调度软件调整站停时间及相关操作实训验收表

序号	考核项目	分值
1	在××站上行站台放置 201 次，并将其设置为××站—××站往返运营，然后再删除 ID	10
2	将 201 次更改追踪号为 101 次	15
3	将 101 次运行等级更改为 3 级	15
4	查看 101 次列车明细—列车行程	15
5	将××站上行站停默认时间修改为 20 s	15
6	设置××站上行站台扣车	15
7	设置所有列车在××站上行跳停	15

备注：考核项目在规定时间内操作成功得满分，未操作成功不得分。

七、思考题

（1）现场让学生演示更改目的地号、输入 ID 等操作。

（2）现场让学生演示更改列车运行等级的操作。

（3）现场让学生演示扣车与设置跳停的操作。

实训四 控制权限转换及相关操作

一、实训目的

（1）掌握中央与车站控制权转换的含义及相关操作。
（2）掌握进路模式、折返模式含义及种类。
（3）掌握全部扣车/发车、停止/放行所有列车、运行监视窗口显示的数据信息分类。
（4）掌握调令发送与接收的相关知识。

二、实训设备

行车调度软件。

三、实训内容及相关准备工作

（1）对××集中站控制权和中央控制权进行切换操作。
（2）将××联锁站进路模式由自动转为人工控制模式。
（3）将××折返站设置为侧线折返模式。
（4）对正线所有列车进行全部扣车及发车操作。
（5）停止及放行正线所有列车。
（6）分别对车站与司机发布调令。
（7）完成调令接收操作。
（8）请学生提前预习掌握站场图符号及显示含义，详见附件2。

四、实训安排

实训时长4学时。

五、实训步骤

（一）车站控制权限

说明：车站控制权限操作分为四种：请求、授权、取消和紧急本地控制；其中，请求、取消和紧急本地控制均是本地 ATS 工作站具备的操作,授权是中央 ATS 系统具备的操作。

1. 本地 ATS 工作站向中央 ATS 请求车站控制权限操作方法

(1)在本地车站 ATS 工作站系统中,右键单击"车站名称",弹出菜单,选择"本地控制许可"—"请求",界面如图 4-1 所示。

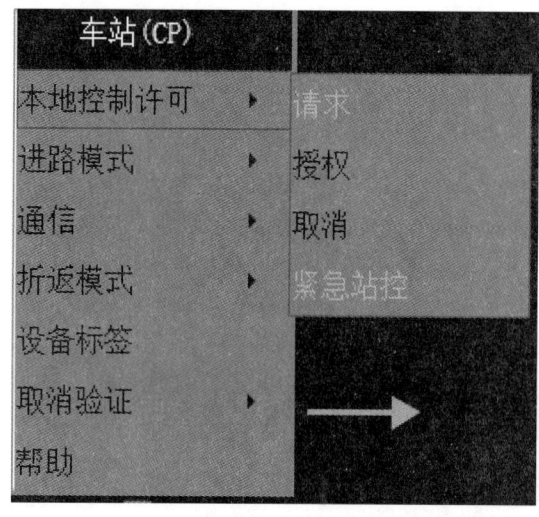

图 4-1　本地控制许可示意图

(2)操作请求堆栈显示车站 ATS 请求本地控制的信息。

(3)右键点击站场图界面,选择"发送"。

(4)请求被发送到中央 ATS 系统,且相应车站的控制许可图标由白色的"CC"变为闪烁的黄色"LC"。

(5)车站控制权限仍在中央 ATS。

2. 中央 ATS 授权本地控制

(1)在中央 ATS 系统中,右键单击车站名称,弹出菜单,选择"本地控制许可"—"授权",界面如图 4-1 所示。

(2)操作请求堆栈显示中央 ATS 授权本地控制的信息。

(3)单击操作请求堆栈的"发送请求"按钮,或者右键点击站场图界面,选择"发送"。

(4)请求被发送到本地车站 ATS 工作站,且相应车站的控制许可图标由黄色闪烁的"LC"变为黄色稳定的"LC",自动/人工控制图标由绿色的"AU"变为红色的"MN",车站名称变为黄色。

(5)车站控制权限转移到本地车站 ATS 工作站。

3. 本地 ATS 工作站取消本地控制

(1)在车站 ATS 工作站系统中,右键单击车站名称,弹出菜单,选择"本地控制许可"—"取消",界面如图 4-1 所示。

(2)操作请求堆栈显示车站 ATS 请求取消本地控制的信息。

(3)单击操作请求堆栈的"发送请求"按钮。

(4)请求被发送到中央 ATS 系统，且相应车站的控制许可图标由黄色稳定的"LC"变为白色的"CC"，自动/人工控制图标由红色的"MN"变为绿色的"AU"，车站名称变为白色。

(5)车站控制权限被中央 ATS 回收。

4. 本地 ATS 工作站执行紧急本地控制

(1)在车站 ATS 工作站系统中，右键单击车站名称，弹出菜单，选择"本地控制许可"—"紧急站控"，界面如图 4-1 所示。

(2)操作请求堆栈显示车站 ATS 执行紧急本地控制的信息。

(3)单击操作请求堆栈的"发送请求"按钮，或者右键点击站场图界面，选择"发送"。

(4)命令被发送到中央 ATS 系统，相应车站的控制许可图标由白色的"CC"变为红色"EL"，自动/人工控制图标由绿色的"AU"变为红色的"MN"，车站名称变为红色。

(5)车站控制权限立即无条件转移到本地车站 ATS 工作站（无需行调授权）。

（二）设置联锁站进路模式

说明：联锁站进路模式分为人工和自动两种，默认为自动模式，若将一集中站的进路模式设置为人工，则 ATS 系统不在为进入该集中站区域的列车触发自动进路请求，ATO 和 ATPM 模式的列车运行到 MAL 终点停车，iATP 和 RM 模式列车运行到最近的红灯信号机前停车，列车要想向前运行，需人工为列车设置进路。

只有列车模式为自动，并且车站进路模式也为自动的时候，ATS 系统才会自动为列车发送进路请求到联锁。进行该操作时，系统必须具备相应车站的控制权限。

操作方法如下。

(1)右键单击车站名称，弹出菜单，选择"进路模式"—"人工（或自动）"；

(2)操作请求堆栈显示车站进路模式改为人工（或自动）。

(3)单击操作请求堆栈的"发送请求"按钮，或者右键点击站场图界面，选择"发送"。

(4)请求被发送到 ATS 模拟系统，ATS 模拟系统将车站的进路模式更改为人工（或自动），相应进路模式图标由绿色的"AU"变为红色"MN"。

(5)点击"×"，退出。

（三）设置折返模式

说明：设置折返模式操作可改变列车在折返站台的折返路线。一般由调度员根据列车实际运行情况进行调整，避免出现多列车在同一个折返站拥堵的情况。

折返模式分为正线折返、侧线折返和侧线优先折返三种，默认为正线折返，正线折返表示列车在进入终点站时会建立直股进路，侧线折返表示列车进入终点站时会建立弯股进路，而侧线优先折返则表示列车进入终点站时会优先建立弯股进路，若联锁条件不满足，才会考虑建立直股进路。

不管是哪一种折返模式，若在列车建立进入终点站的进路之前设置，就会立即生效，若在进路建立之后设置，则折返模式会针对后续折返生效。

操作方法如下。

（1）右键单击车站名称，弹出菜单，选择"折返模式"—"正线折返（侧线折返或侧线优先折返）"。

（2）请求不会显示到操作请求堆栈，即被发送到 ATS 模拟系统。

（3）ATS 模拟系统将折返模式更改为正线折返（侧线折返或侧线优先折返），并点亮对应的折返图标。

（四）全部扣车/发车

说明：全部扣车是对正线上的所有客车执行扣车。如果全部扣车有效，任何停站状态下的列车持续运行到下一车站并扣车。站场图背景菜单选择全部扣车，执行该功能。

全部发车功能为释放所有因中央 ATS 扣车设置被扣在站台上的客车。

操作方式如下。

（1）右键点击站场图界面，选择"全部扣车"→"正线上全部扣车"，如图 4-2 所示。

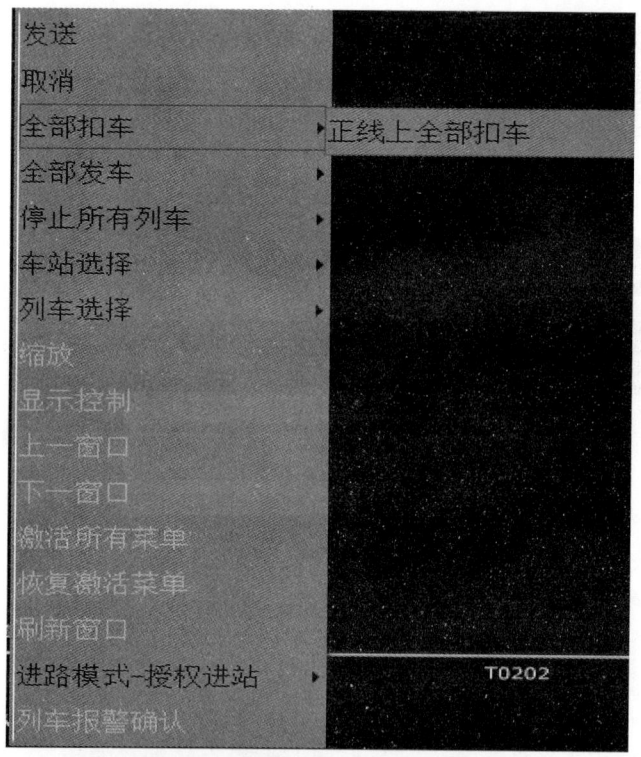

图 4-2　正线上全部扣车示意图

（2）右键点击站场图界面，选择"发送"。

若要释放所有列车，需执行以下操作：

（1）右键点击站场图界面，选择"全部发车"→"缓解正线所有列车"，界面如图 4-3 所示。

（2）右键点击站场图界面，选择"发送"。

实训四 控制权限转换及相关操作

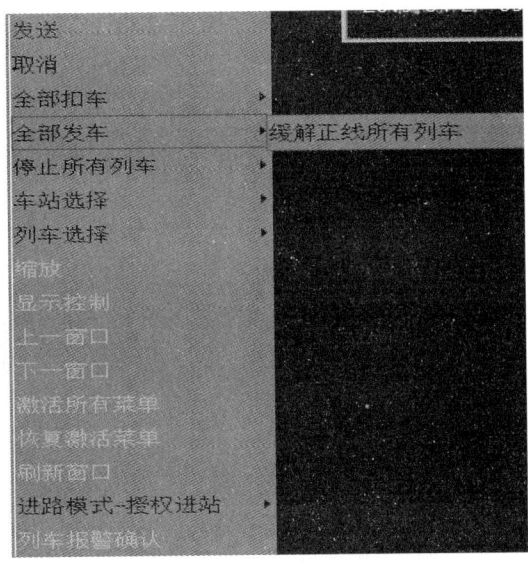

图 4-3　缓解正线所有列车示意图

（五）停止/放行所有列车

说明：CBTC 下可以使正线的列车停车。同样，也可以为之前被停止的列车放行。使用 CBTC 时，对正线的所有列车设置停车。这个功能的目的是允许请求列车在站间紧急停车。

操作方法如下。

（1）右键点击站场图界面，选择"停止所有列车"→"停止正线所有列车"，如图 4-4 所示。

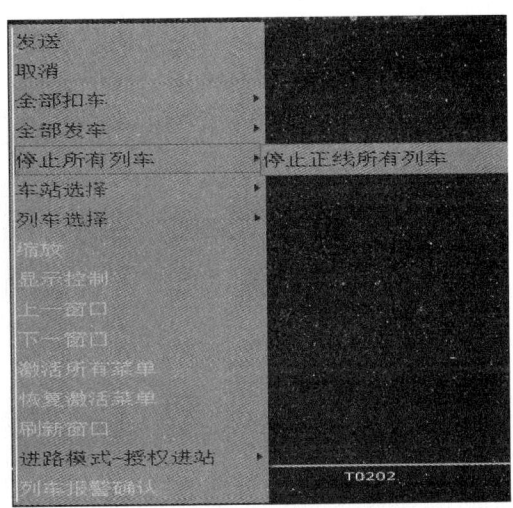

图 4-4　停止所有列车示意图

（2）右键点击站场图界面，选择"发送"。

若要放行所有列车，需执行以下操作：

（1）右键点击站场图界面，选择"全部发车"→"缓解正线所有列车"，如图 4-5 所示。

（2）右键点击站场图界面，选择"发送"。

· 33 ·

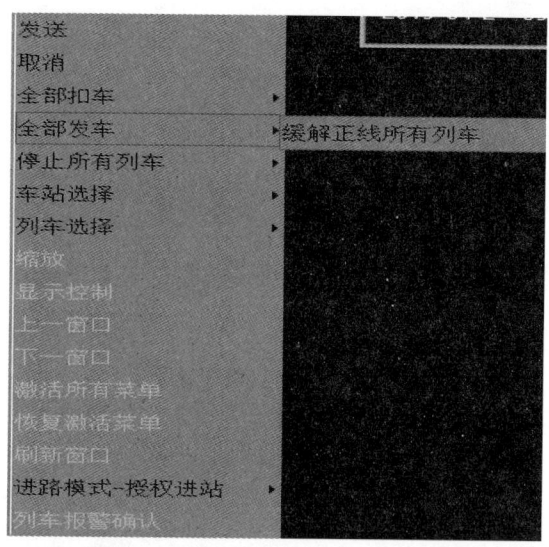

图 4-5 缓解正线所有列车示意图

（六）运行监视窗口菜单

说明：运行监视功能允许浏览运行监视窗口。该窗口显示运行数据和计划数据。

系统显示运行监视窗口。运行监视窗口显示系统运行信息，包括正线所有列车的车体号、追踪号、DID、方向、状态、上一站、到达晚点、停站时间、发车时间、运行等级、下一站、下一站停站时间、下一运行等级等信息。

运行监视窗口主要由运行监视表格组成，每列车一行。单击鼠标左键可进行选择，再次单击可取消选择，通过表格上方的菜单项进行各种操作（对选中的列车）。

（1）操作方法：从时刻表控制菜单栏中选择"时刻表数据"→"运行数据"，界面如图4-6所示。

（2）点击关闭按钮可关闭该窗口。

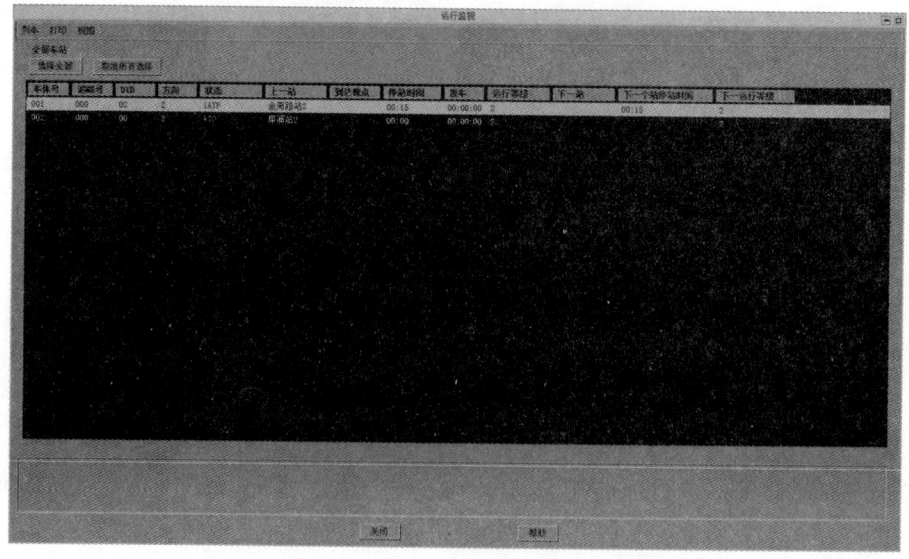

图 4-6 运行数据示意图

（七）调令发送

说明：在 ATS 服务端界面上，通过各设备的右键菜单来发送调令。调令的基本状态在调令概要窗口中显示（该功能为模拟 OCC 通过调度电话下发调令）。

操作方法如下。

（1）在 ATS 服务端界面，右键点击需要发送调令的道岔，弹出选择发送的调令（如手摇道岔），再弹出如下窗口，选择"定位"，点击"发送调令"，"发送调令"按钮变为灰色不使能状态，界面如图 4-7 所示。

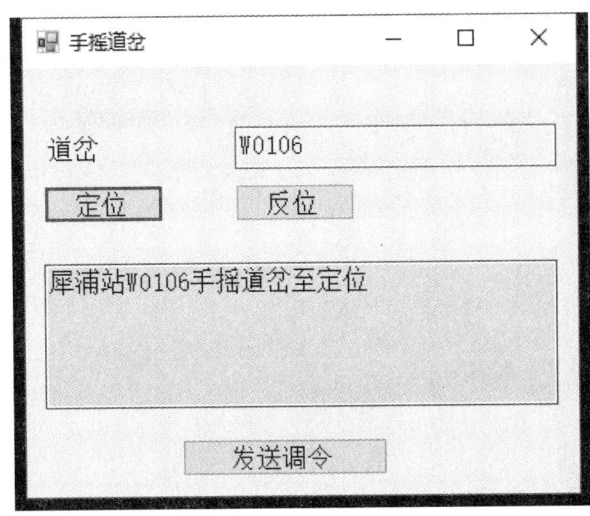

图 4-7　发送调令示意图

（2）在服务端主菜单点击"调令概要"，弹出"调令信息概要"对话框，可看到发送的调令已添加，如图 4-8 所示。

图 4-8　调令概要示意图

（3）若向车站发送调令，则右键点击对应车站，选择要发送的调令，在弹出的窗口中点击"发送调令"按钮，如图4-9所示。

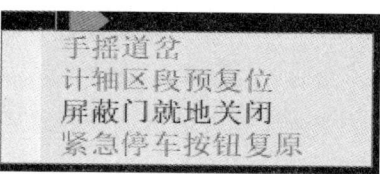

图4-9　向车站发令示意图

（4）若向司机发送调令，则右键点击对应的车次框，选择要发送的调令，在弹出的窗口中点击"发送调令"按钮，如图4-10所示。

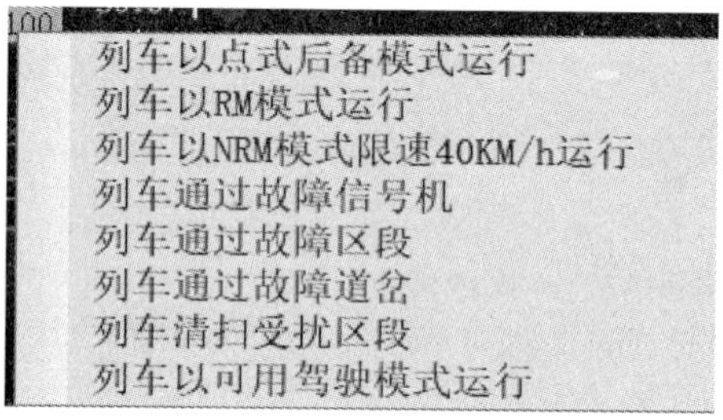

图4-10　向司机发令示意图

（八）调令接收

说明：当前操作工作站仅为集中站（列车模拟系统上也有该操作，模拟司机接收OCC的调令）。

（1）操作方法：打开ATS集中站工作站"调令"对话框，可查看接收的调令，如图4-11所示。

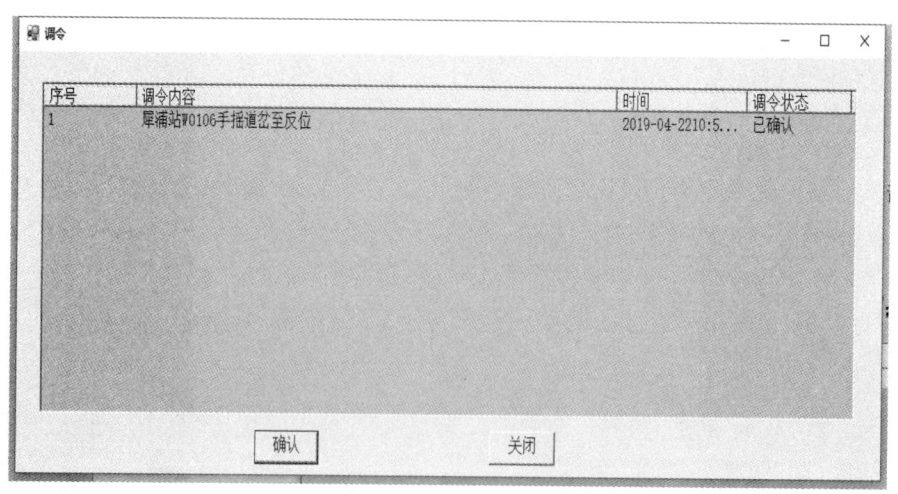

图4-11　调令对话框示意图

（2）列车模拟系统上，点击右上角黄色图标，选择"接收调令"，弹出"接收调令"对话框，如图4-12所示。

图 4-12　接收调令对话框示意图

（3）在调令接收列表里选中一条调令，若调令状态为"未确认"，则可点击"确认"来确认调令。

（4）调令确认后，可在 ATS 服务端的"调令信息概要"窗口中查看到调令状态为"已确认"，如图 4-13 所示。

图 4-13　调令信息概要窗口示意图

六、实训考核内容及评分标准

表 4-3　行车调度软件调整站停时间及相关操作实训验收表

序号	考核项目	分值
1	登录××站 ATS 工作站，向中央请求控制权；然后再紧急站控	15
2	将××联锁站进路模式设置为人工控制	15
3	将××站折返模式设置为侧线折返	15
4	设置正线上全部扣车/发车	15
5	设置停止/放行所有列车	20
6	设置××站××道岔手摇道岔至定位，将该调令发送至××站	20

备注：考核项目在规定时间内操作成功得满分，未操作成功不得分。

七、思考题

（1）如何对集中站控制权和中央控制权进行切换操作？
（2）如何将联锁站进路模式由自动转为人工控制模式？
（3）如何将折返站设置为侧线折返模式？
（4）如何让正线所有列车全部扣车及发车？
（5）如何停止及放行正线所有列车？
（6）如何分别对车站与司机发布调令？

实训五　VR 调整及相关操作

一、实训目的

（1）掌握 VR 数据调整的相关含义。
（2）掌握列车时刻表添加列车、添加行程等的操作方法。
（3）掌握打印运行图的操作方式。
（4）掌握 ATS 回放的相关知识。

二、实训设备

行车调度软件。

三、实训内容及相关准备工作

（1）将 VR 轻度晚点调整为 1 min 30 s、重度晚点调整为 2 min。
（2）查看当前列车时刻表。
（3）在时刻表中添加一列车，并赋予该列车行程。
（4）修改该列车行程。
（5）打印运行图信息。
（6）对 ATS 进行登录与回放。
（7）请学生提前预习并掌握站场图符号及显示含义，详见附件 2。

四、实训安排

实训时长为 4 学时。

五、实训步骤

（一）时刻表与 VR 控制

时刻表菜单位于"时刻表与 VR 控制窗口"的菜单栏，包含以下四个子菜单：时刻表控制、时刻表数据、变更时刻表、编辑时刻表，如图 5-1 所示。说明：VR，即列车自动调整，主要用于监控列车早点和晚点。通过对 VR 的参数进行设置，可以实现列车运行的时刻表自动调整。

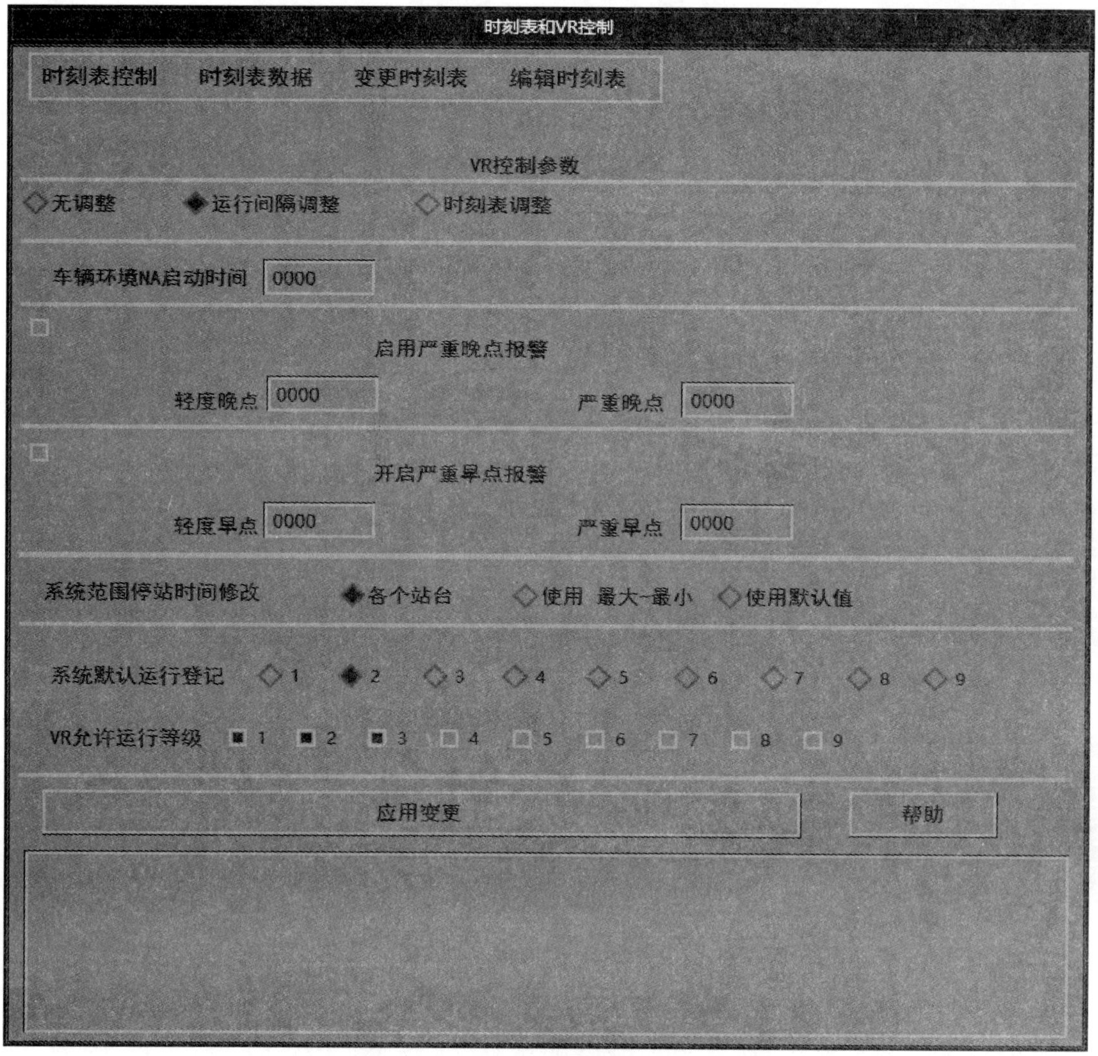

图 5-1　时刻表和 VR 控制示意图

请扫二维码观看时刻表和 VR 控制示意图

1. VR 参数设置过程

（1）选择调整模式参数：在"VR 控制参数"对话框中，选择调整模式。

（2）选择"无调整"单选按钮：该模式下，VR 不对列车运行进行调整，列车按照站台的默认停站时间停站，按照默认运行等级运行。

（3）选择"时刻表调整"单选按钮：该模式下，VR 以时刻表作为标准，对计划列车停站时间、运行等级进行调整，保证列车按照时刻表运行，但是不对非计划列车进行调整。

2. 停站时间调整原则

根据列车在所经过站台的早晚点情况，以时刻表规定的计划到站、发车时间作为标准进行比对，在该站台的停站时间最小值和最大值的范围内得出实际列车停站时间；如果超过停站时间的最小、最大范围，则以最小值或者最大值作为停站时间。

（1）设置系统范围站停时间修改：

① 选择"各个站台"：不做任何修改，停站时间以系统当前各个站台各自的调整方式为准。

② 选择"使用最小-最大"：应用变更后，所有站台的停站时间调整方式被修改为"最小-最大范围"调整。最小-最大值的修改在各个站台进行。

③ 选择"使用默认值"：应用变更后，所有站台的停站时间调整方式被修改为"默认停站时间"调整。默认停站时间的修改在各个站台进行。

（2）输入晚点报警参数。

① 在"轻度晚点"文本框中，输入轻度晚点报警时间（格式为 MMSS）。

② 在"严重晚点"文本框中，输入严重晚点报警时间（格式为 MMSS）。

③ 输入的"轻度晚点"时间不能大于"严重晚点"时间。

（3）输入早点报警参数。

① 在"轻度早点"文本框中，输入轻度早点报警时间（格式为 MMSS）。

② 在"严重早点"文本框中，输入严重早点报警时间（格式为 MMSS）。

③ 输入的"轻度早点"时间不能大于"严重早点"时间。

（4）选择默认运行等级。

在"系统范围默认运行等级"的单选按钮中，选择一个等级作为 VR 调整的默认运行等级，选择的默认运行等级必须要在"VR 允许的运行等级"范围内。

（5）选择 VR 允许的运行等级。

在"VR 允许的运行等级"复选框中，至少选择一个运行等级。

（6）点击"应用变更"按钮，保存修改后的参数。

① 如果输入的早晚点报警时间不正确，则提示操作失败。

② 如果选择的"默认运行等级"不在"VR 允许的运行等级"范围内，则提示操作失败。

③ 如果一个"VR 允许的运行等级"都没有选择，则提示操作失败。

备注：时刻表的时间输入操作中，输入格式主要有以下两种：

- MMSS：分分秒秒，如"1230"表示 12 min 30 s。
- HHMMSS：时时分分秒秒，如"103059"表示 10 h 30 min 59 s。

（二）离线列车时刻表编辑

离线列车时刻表主界面如图 5-2 所示。

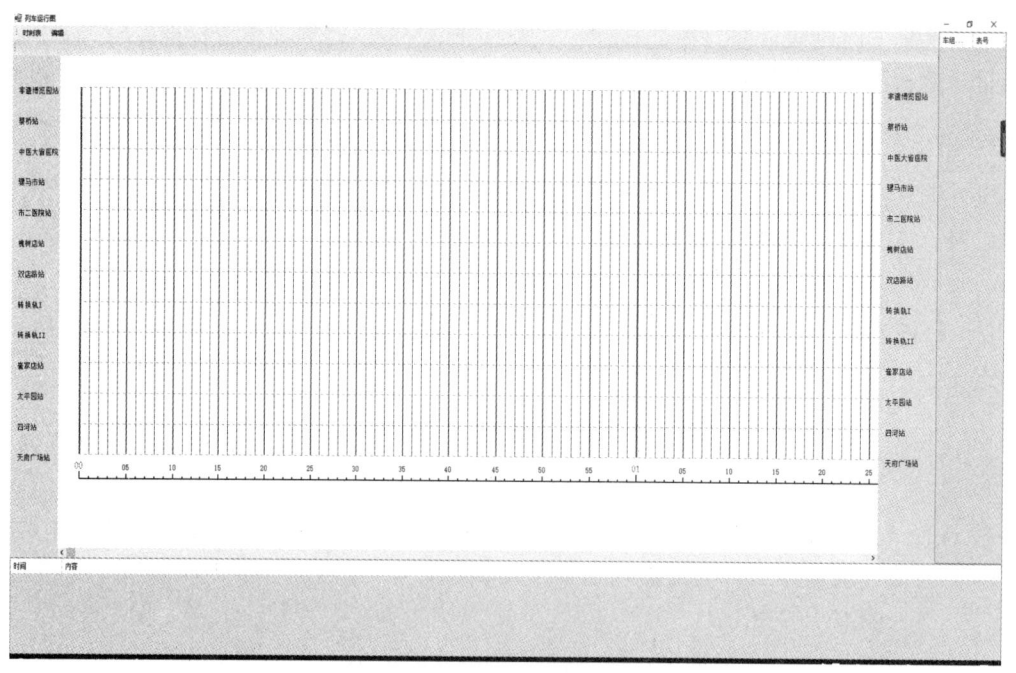

图 5-2 离线时刻表示意图

(三)打开时刻表

说明:使用该功能打开一个时刻表,用于离线编辑。

(1)选择主菜单"时刻表"→"可用时刻表",如图 5-3 所示。

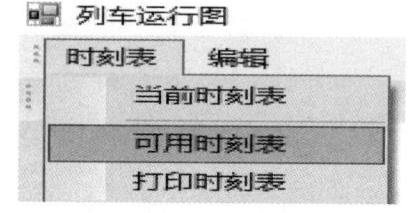

图 5-3 可用时刻表示意图

(2)在可用时刻表窗口中,选中基础表"D0X00.SCH",选择"文件"→"打开",打开时刻表,如图 5-4 所示。

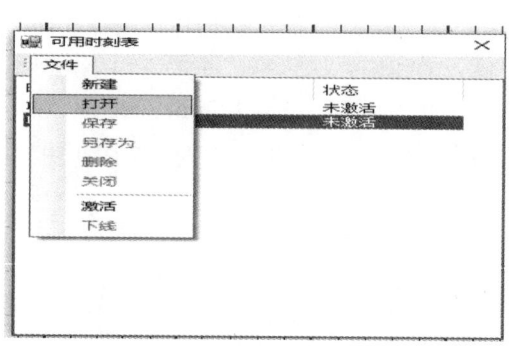

图 5-4 打开时刻表示意图

（3）再选择"文件"→"另存为"，在弹出窗口中填入时刻表名，点击"确定"，如图 5-5 所示（基础表不能进行编辑）。

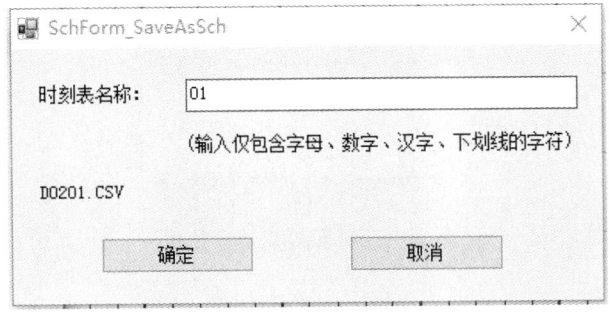

图 5-5　打开时刻表示意图

（4）在主窗口中移动滚动条，查看列车运行图，如图 5-6 所示。

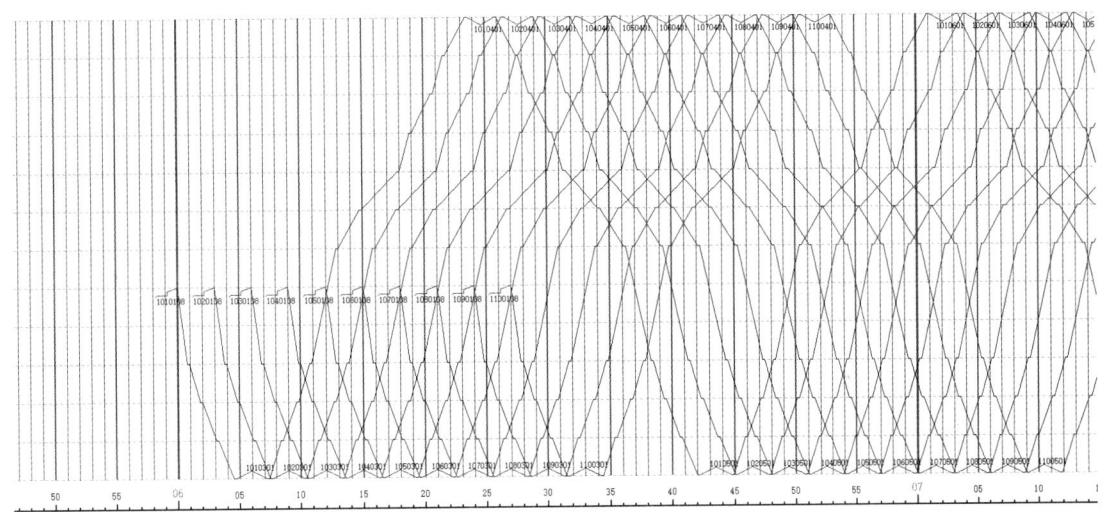

图 5-6　列车运行图示意图

请扫二维码观看列车运行图示意图原图

（四）当前时刻表

说明：使用该功能可查看当前时刻表的所有列车数据。

（1）选择主菜单"时刻表"→"当前时刻表"，如图 5-7 所示。

（2）弹出时刻表数据窗口，可查看到所有列车数据，如图 5-8 所示。

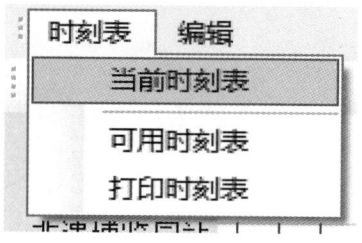

图 5-7 当前时刻表示意图

列车	行程	交路号	车站	计划到站	计划发车	实际到站	实际发车
101	1	08	T0714转		6:00:00		
101	1	08	崔家店站	06:00:49			
101	2	01	崔家店站		06:00:59		
101	2	01	太平园站	06:01:53	06:02:03		
101	2	01	四河站	06:03:09	06:03:19		
101	2	01	天府广场站	06:04:30	06:04:40		
101	2	01	T4205折	06:05:28			
101	3	01	T4205折		06:06:28		
101	3	01	天府广场站	06:07:15	06:07:25		
101	3	01	四河站	06:08:23	06:08:33		
101	3	01	太平园站	06:09:39	06:09:49		
101	3	01	崔家店站	06:10:42	06:10:52		
101	3	01	双店路站	06:12:50	06:13:00		
101	3	01	槐树店站	06:14:45	06:14:55		
101	3	01	市二医院站	06:17:51	06:18:01		
101	3	01	骡马市站	06:18:53	06:19:03		
101	3	01	中医大省医院站	06:20:35	06:20:45		
101	3	01	蔡桥站	06:21:34	06:21:44		
101	3	01	非遗博览园站	06:23:25	06:23:35		
101	3	01	T2107折	06:24:13			
101	4	01	T2107折		06:25:13		
101	4	01	非遗博览园站	06:25:48	06:25:58		
101	4	01	蔡桥站	06:27:32	06:27:42		
101	4	01	中医大省医院站	06:28:34	06:28:44		
101	4	01	骡马市站	06:30:16	06:30:26		
101	4	01	市二医院站	06:31:19	06:31:29		
101	4	01	槐树店站	06:34:06	06:34:16		
101	4	01	双店路站	06:36:09	06:36:19		
101	4	01	崔家店站	06:38:19	06:38:29		
101	4	01	太平园站	06:39:23	06:39:33		
101	4	01	四河站	06:40:39	06:40:49		

图 5-8 时刻表数据窗口示意图

请扫二维码观看时刻表数据窗口示意图

（五）添加列车

说明：使用该功能向当前时刻表中添加一辆列车。
（1）选择主菜单"编辑"→"添加列车"，如图 5-9 所示。
（2）在弹出窗口中填写列车名、发车时间、发车站台，点击"确定"，添加列车。

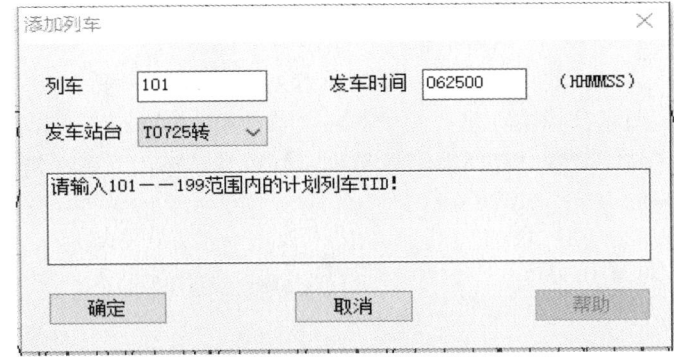

图 5-9　添加列车示意图

（六）添加列车行程

说明：使用该功能向当前时刻表中添加一辆列车。

（1）选择主菜单"编辑"→"添加行程"，如图 5-10 所示。

（2）在弹出窗口中选择追踪号、选择交路号、点击"应用"，在更新的可选交路中再选择下一交路号，点击应用，关闭窗口。

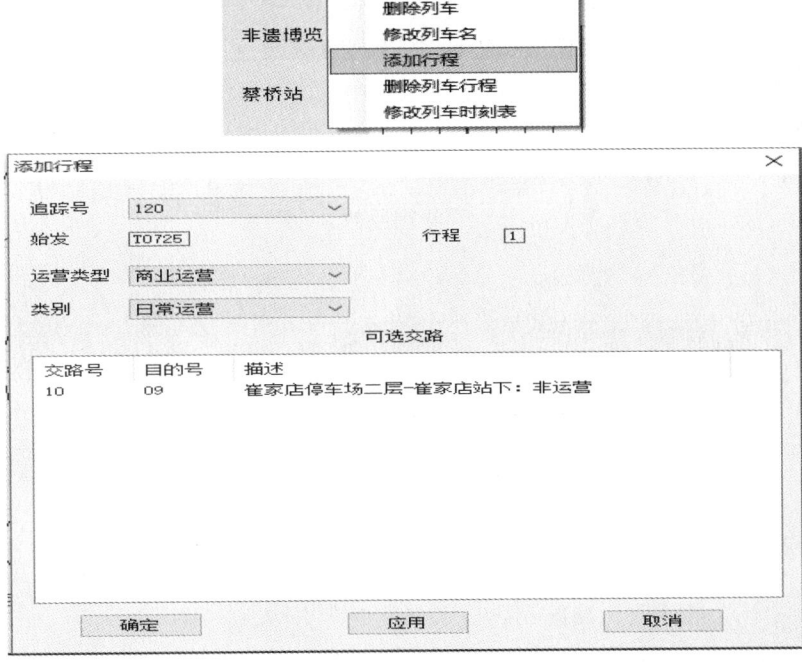

图 5-10　添加列车行程示意图

（3）在主界面中可查看到添加的列车行程，可用时刻表窗口查看到添加行程的列车数据。

（七）修改列车行程

说明：使用该功能可修改所选列车的行程。

（1）选择主菜单"编辑"→"修改列车时刻表"，如图 5-11 所示。

（2）在弹出窗口中选择列车→行程号→车站，修改列车"到站""发车"时间，点击"应用时间变更"，关闭窗口。

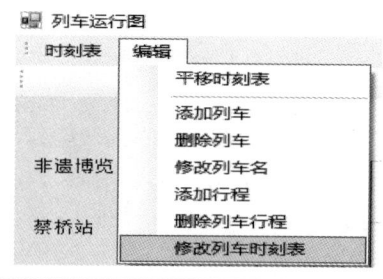

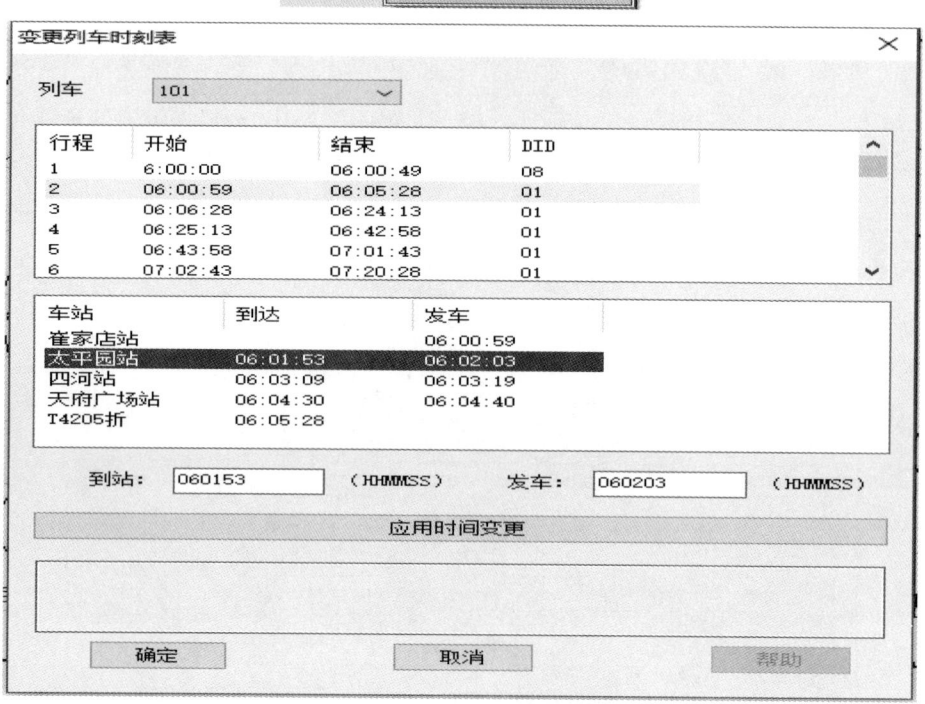

图 5-11 修改列车行程示意图

（3）在主界面中查看到修改的列车行程，利用时刻表窗口可查看到列车的数据。

（八）修改列车名

说明：使用该功能修改当前时刻表中某列车的车次号。

（1）选择主菜单"编辑"→"修改列车名"，如图 5-12 所示。

（2）在弹出窗口中选择原列车，填写或修改列车的车次号，点击"确定"关闭窗口。

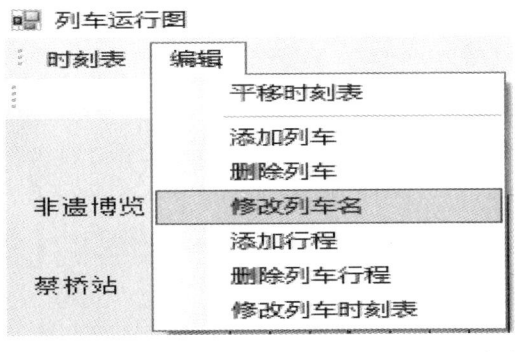

图 5-12　修改列车名示意图

（3）在主界面中可看到已修改的列车名，利用时刻表窗口可查看列车的数据。

（九）删除列车行程

说明：使用该功能删除当前时刻表中某列车的某一行程。

（1）选择主菜单"编辑"→"删除列车行程"，如图 5-13 所示。
（2）在弹出窗口中选择列车车次号，选中要删除的行程，点击"应用"，关闭窗口。

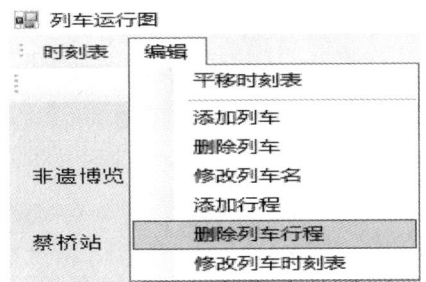

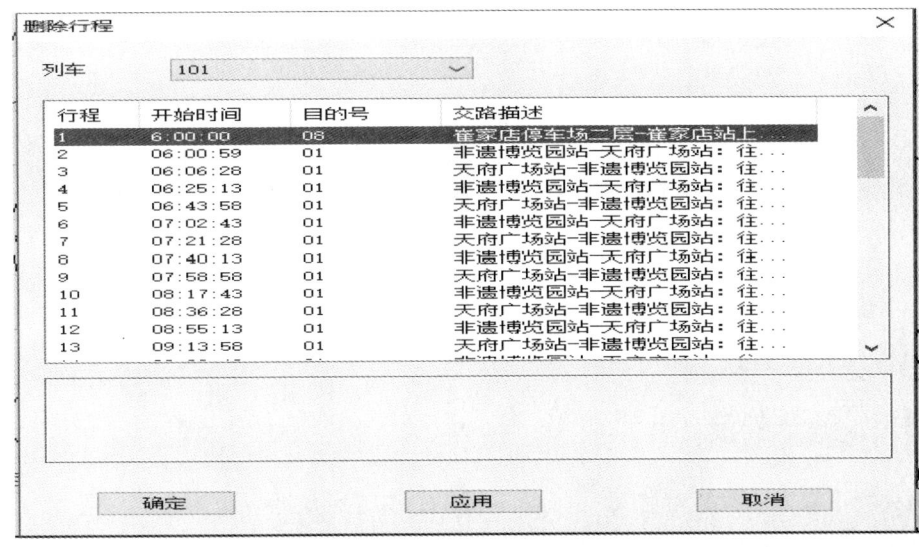

图 5-13　删除列车行程示意图

（3）主界面和当前时刻表数据表中列车行程已删除。

(十)删除列车

说明：使用该功能删除当前时刻表中某列车的某一行程。

（1）选择主菜单"编辑"→"删除列车"，如图 5-14 所示。

（2）在弹出窗口中选择列车车次号，点击"应用"，关闭窗口。

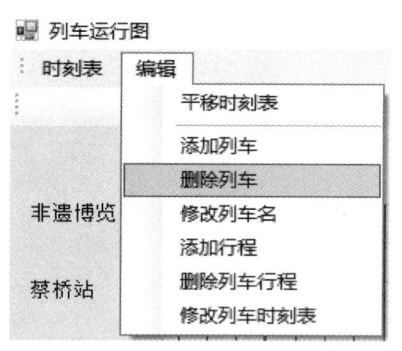 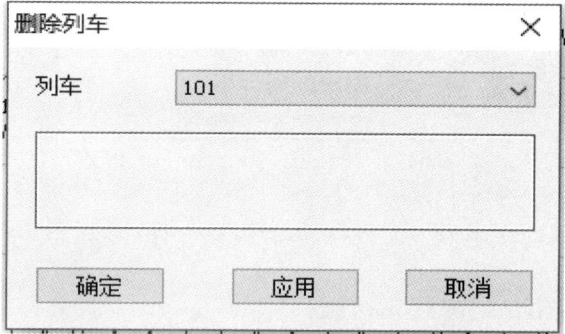

图 5-14　删除列车示意图

（3）主界面和当前时刻表数据表中可查看到列车及其所有行程已删除。

(十一)平移时刻表

说明：使用该功能平移当前时刻表中所有列车的所有行程。

（1）选择主菜单"编辑"→"平移时刻表"，如图 5-15 所示。

（2）在弹出窗口中填写偏移量，勾选"+"号为延后时间，不勾选为提前时间。

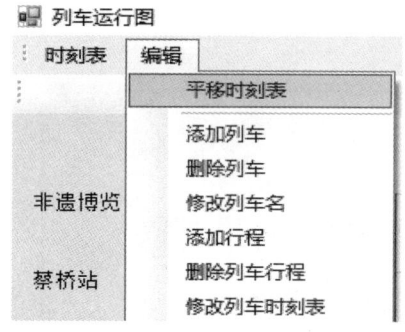 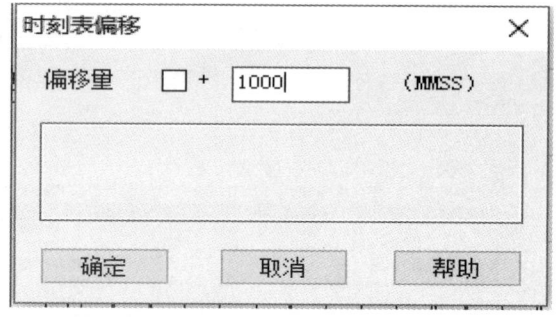

图 5-15　平移时刻表示意图

（3）主界面上所有列车行程左移/右移对应偏移量，当前时刻表数据表中查看到所有数据提前/延后对应偏移量。

(十二)打印运行图信息

说明：利用打印运行图操作可打印计划的和实际的列车运行图信息。

（1）左键单击 ATS 服务端主菜单的"系统信息"，选择"打印信息"→"打印时刻表信息"，弹出"运行图打印设置"窗口，如图 5-16 所示。

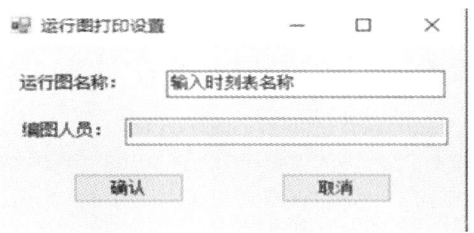

图 5-16　运行图打印设置示意图

（2）填写"运行图名称""编图人员"，点击"确定"，弹出打印界面。

（3）选择名称为"Microsoft Print to PDF"的打印机，点击"确定"，即可预览列车运行图，如图 5-17 所示。

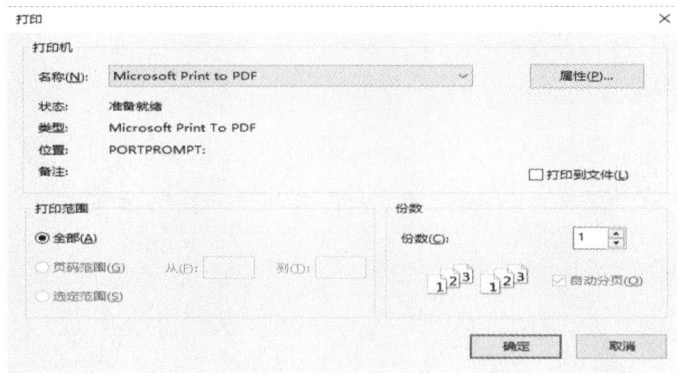

图 5-17　预览列车运行图示意图

（十三）登录 ATS 回放与退出系统

在登录界面中输入数据库服务器地址，选择当前实训分组，工作站类型选择为"ATS 回放"，单击"登录"，信息校验通过，进入 ATS 运行过程回放系统主界面。

左键单击主界面的"取消"按钮，则系统将关闭"ATS 回放"软件，如图 5-18 所示。

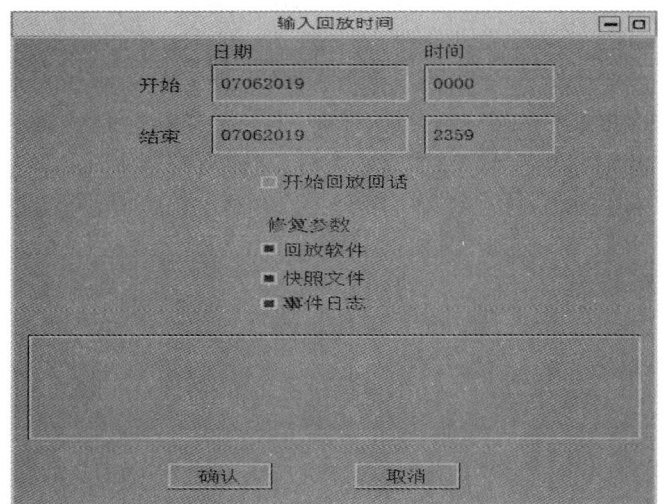

图 5-18　ATS 回放示意图

说明：输入回放时间窗口/允许操作员为一回放会话选择日期和时间，且会话仅限于回放数据的提取。提取回放数据时，该功能搜索存储特定回放数据的文件。该过程需要花费一些时间。系统提供倍数、暂停、前进、复位等功能供用户调整播放方式。

1. 启动回放会话

（1）在输入回放时间窗口中填写开始时间和结束时间，选中开始回放的会话，点击"确认"，如图5-19所示。

（2）等待回放数据加载完成后，弹出回放控制窗口和回放站场图，开始回放数据。

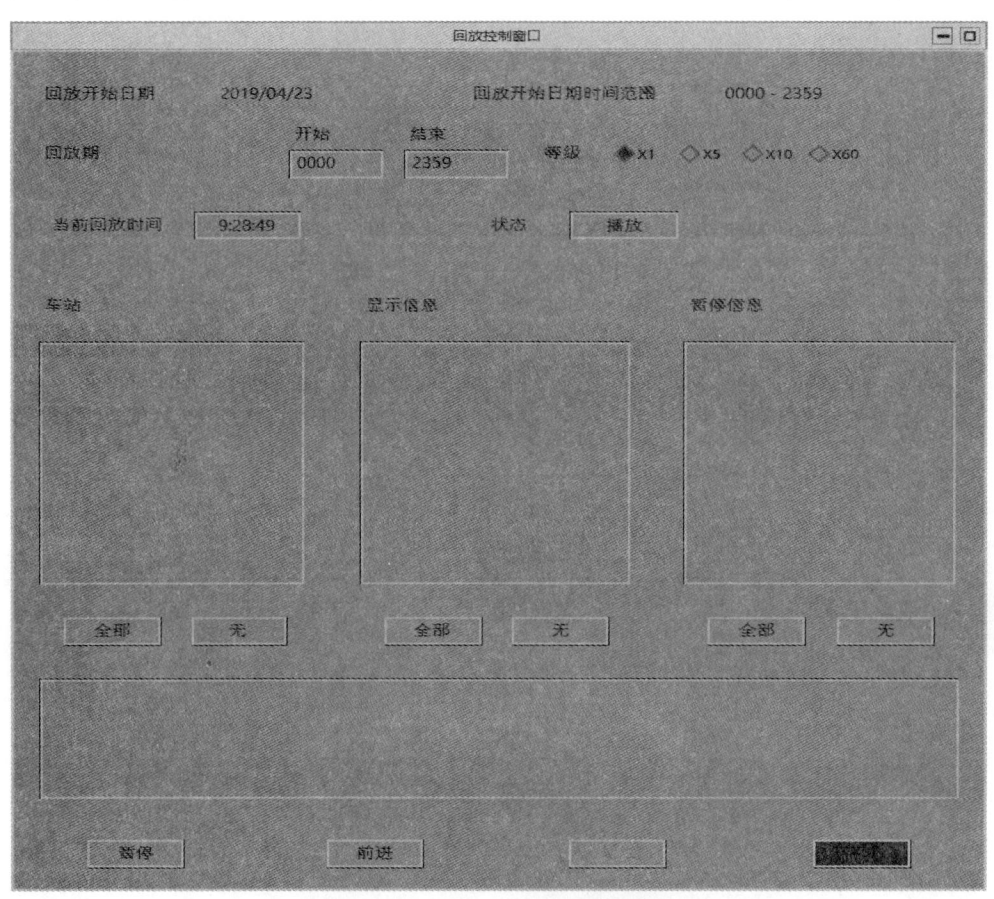

图5-19 回放控制窗口示意图

2. 暂停

（1）在回放控制窗口上点击"暂停"。

（2）回放控制窗口上"当前回放时间"暂停，站场图上停止播放。

3. 倍数

（1）在回放控制窗口上勾选等级"×5"，点击"播放"。

（2）"播放"变为"暂停"，回放控制窗口上"当前回放"时间和站场图界面以5倍速度播放。

4．前进

（1）在回放控制窗口上点击"前进"。

（2）回放控制窗口上"当前回放"时间和站场图界面快进15 s播放。

5．复位

（1）在回放控制窗口上点击"暂停"，再点击"复位"。

（2）回放控制窗口上"当前回放"时间和站场图界面恢复到回放时间范围内最开始有数据的时间。

六、实训考核内容及评分标准

表5-3　行车调度软件VR调整及相关操作实训验收表

序号	考核项目	分值
1	将VR轻度晚点调整为1 min 30 s、重度晚点调整为2 min	20
2	在时刻表和VR控制上修改101次在××站发车时刻为06:05:10	20
3	在时刻表和VR控制上修改101次列车名为110次	20
4	在时刻表和VR控制上将101次列车添加××站—××站的行程	20
5	打印×号线工作日运行图信息	20

备注：考核项目在规定时间内操作成功得满分，未操作成功不得分。

七、思考题

（1）如何将VR轻度晚点调整为1 min 30 s，重度晚点调整为2 min？

（2）如何查看当前列车时刻表？

（3）如何在时刻表中添加一列车，并赋予该列车行程？

（4）如何打印运行图信息？

（5）如何对ATS进行登录与回放？

附录 1　ATS 客户端用户

附表 1-1

序号	用户	登录用户名	登录密码
1	指导员	ADMIN	ADMIN
2	行调工作站 1	OP1ATS	OP1ATS
3	行调工作站 2	OP2ATS	OP2ATS
4	行调工作站 3	OP3ATS	OP3ATS
5	总调工作站	ZDSATS	ZDSATS
6	车辆段 ATS1	DP1ATS	DP1ATS
7	车辆段 ATS2	DP2ATS	DP2ATS
8	车辆段 ATS3	DP3ATS	DP3ATS
9	犀浦站 ATS 工作站	XPSATS	XPSATS
10	天河路站 ATS 工作站	THRATS	THRATS
11	百草路站 ATS 工作站	BCRATS	BCRATS
12	金周路站 ATS 工作站	JZRATS	JZRATS
13	金科北路站 ATS 工作站	JKNATS	JKNATS
14	迎宾大道站 ATS 工作站	YBAATS	YBAATS
15	茶店子客运站 ATS 工作站	CBTATS	CBTATS
16	羊犀立交站 ATS 工作站	YXFATS	YXFATS
17	一品天下站 ATS 工作站	YPTATS	YPTATS
18	蜀汉路东站 ATS 工作站	ESRATS	ESRATS
19	白果林站 ATS 工作站	BGLATS	BGLATS
20	中医大省医院站 ATS 工作站	CUTATS	CUTATS
21	通惠门站 ATS 工作站	THMATS	THMATS
22	人民公园站 ATS 工作站	PPSATS	PPSATS
23	天府广场站 ATS 工作站	TSSATS	TSSATS

续附表

序号	用户	登录用户名	登录密码
24	春熙路站 ATS 工作站	CXRATS	CXRATS
25	东门大桥站 ATS 工作站	DMBATS	DMBATS
26	牛王庙站 ATS 工作站	NWMATS	NWMATS
27	牛市口站 ATS 工作站	NSKATS	NSKATS
28	东大路站 ATS 工作站	DDRATS	DDRATS
29	塔子山公园站 ATS 工作站	TZPATS	TZPATS
30	成都东客站 ATS 工作站	ERSATS	ERSATS
31	成渝立交站 ATS 工作站	CYFATS	CYFATS
32	惠王陵站 ATS 工作站	HWLATS	HWLATS
33	洪河站 ATS 工作站	HHSATS	HHSATS
34	成都行政学院站 ATS 工作站	IPAATS	IPAATS
35	大面铺站 ATS 工作站	DMPATS	DMPATS
36	连山坡站 ATS 工作站	LSPATS	LSPATS
37	界牌站 ATS 工作站	JPSATS	JPSATS
38	书房站 ATS 工作站	SFSATS	SFSATS
39	龙平路站 ATS 工作站	LPRATS	LPRATS
40	龙泉驿站 ATS 工作站	LQYATS	LQYATS

附录 2　站场图符号及显示含义

一、车站

默认情况下，ATS 模拟系统车站各图标状态如附图 2-1 所示。

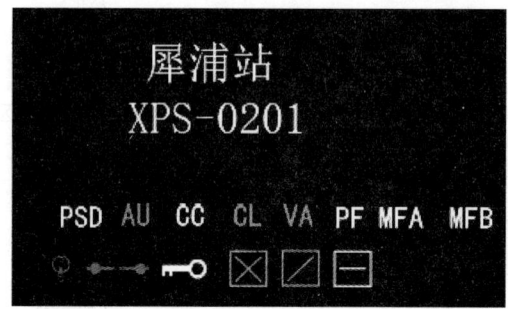

附图 2-1　ATS 模拟系统车站各图标状态

车站各图标含义说明如下。如附表 2-1 所示。

附表 2-1　车站图标含义

联锁站进路模式	AU（稳定的绿色）	自动模式（默认）
	（稳定的红色）	人工模式
车站控制权限	CC（稳定的红色）	中央 ATS 控制（默认）
	LC（闪烁的黄色）	正在请求本地车站控制
	LC（稳定的黄色）	本地控制
	（稳定的红色）	紧急本地控制
连接区段/断开连接区段	CL（稳定的绿色）	建立现场区段联系（默认）
	（稳定的红色）	断开现场区段连接
确认旁路	VA（稳定的绿色）	启用确认（默认）
	（稳定的红色）	启用旁路确认检查（不检查）

续附表

信号机灯丝报警	（稳定的灰色）	未收到信号机灯丝报警（默认）
电源故障	PF（稳定的灰色）	未收到报警（默认）
	（稳定的红色）	收到报警
MicroLok Ⅱ 故障	MF（稳定的灰色）	未收到报警（默认）
	（稳定的红色）	收到报警
	（稳定的黄色）	收到信号机灯丝报警
计轴区段故障报警	（稳定的灰色）	未收到计轴区段故障报警（默认）
	（稳定的黄色）	收到计轴区段故障报警
LCW/ATS 控制转换开关	（稳定的白色）	ATS 控制（默认）
	（稳定的黄色）	LCW 控制
	（稳定的红色）	LCW/ATS 转换开关发生故障，ATS 和 LCW 均指示为控制
折返模式	（稳定的白色）	正线折返（默认）
	（稳定的白色）	侧线折返
	（稳定的白色）	侧线优先折返

二、站台

站台标示由"车站名"+"站台号"的形式组成。如"升仙湖站 2"的"升仙湖站"为车站名，"2"表示站台编号。

默认情况下，ATS 模拟系统站台各图标状态如附图 2-2 所示。

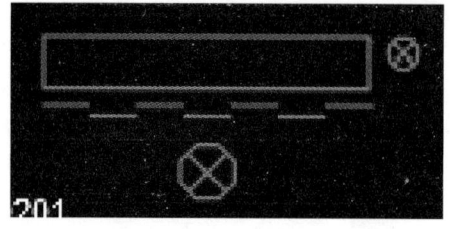

附图 2-2 ATS 模拟系统站台各图标状态

站台各图标含义说明如附表 2-2 所示。

附表 2-2 站台各图标含义

车站站台	（稳定的灰色）	车门关闭（默认）
	（稳定的黄色）	本站台跳停
	（稳定的绿色）	车门打开
站台屏蔽门	（稳定的灰色）	屏蔽门关闭（默认）
	（稳定的黄色）	紧急触发按钮激活
	（稳定的绿色）	屏蔽门打开
站台紧急停车按钮	（稳定的灰色）	未启动紧急停车（默认）
	（稳定的红色）	紧急停车按钮被按下
站台扣车	（稳定的灰色）	不扣车（默认）
	（稳定的黄色）	站台扣车

三、区段

计轴区段各状态含义说明如附表 2-3 所示。

附表 2-3 计轴区段状态含义

区段占用	（稳定的灰色）	区段空闲（默认）
	（稳定的红色）	区段占用
	（稳定的灰色）	道岔区段定位空闲（默认）
	（稳定的灰色）	道岔区段反位空闲
	（稳定的红色）	道岔区段定位占用
	（稳定的红色）	道岔区段反位占用
区段进路锁闭	（稳定的灰色）	区段正常（默认）
	（稳定的黄色）	区段处于进路锁闭状态,但进路未锁闭

续附表

区段进路锁闭	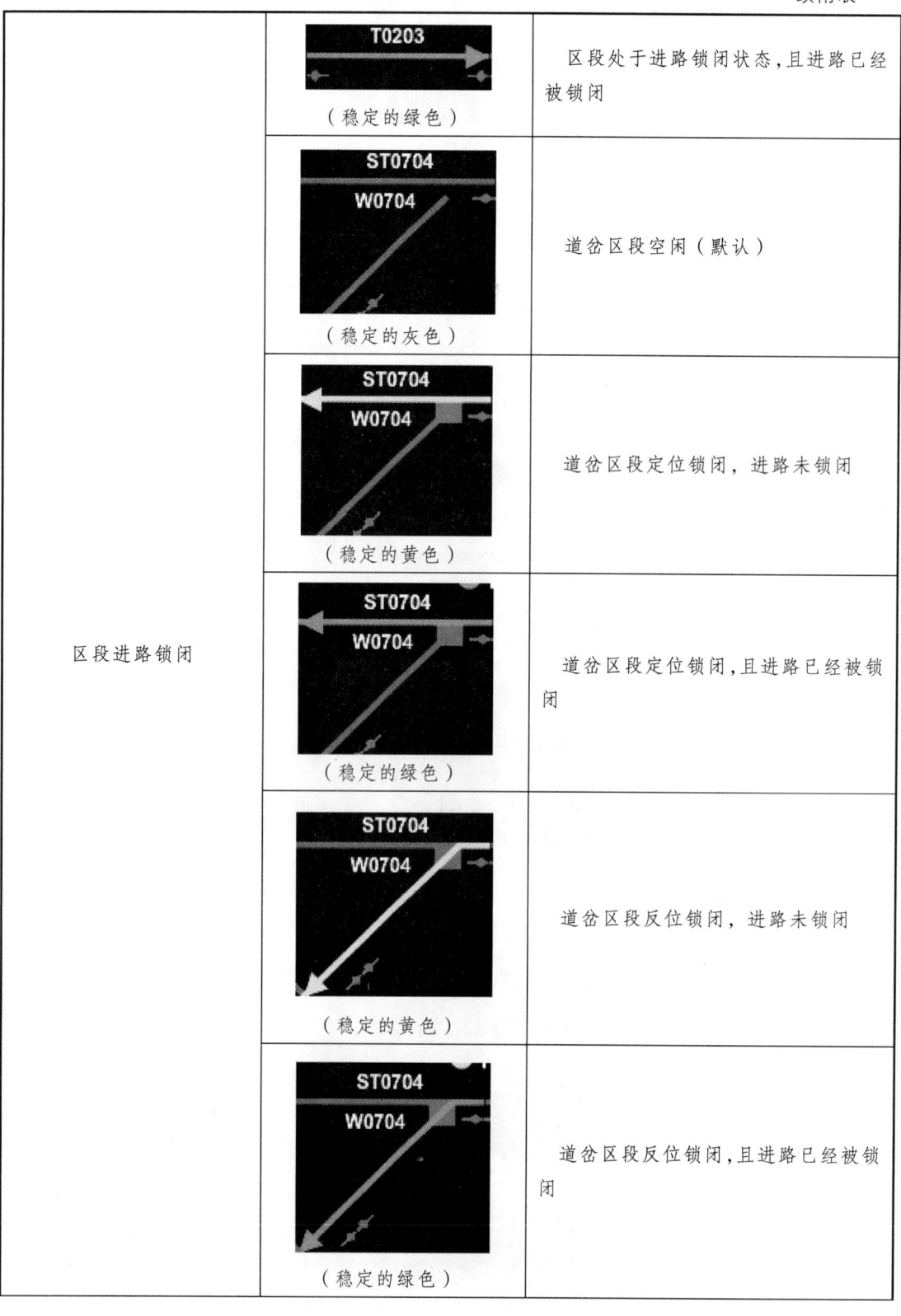 （稳定的绿色）	区段处于进路锁闭状态，且进路已经被锁闭
	（稳定的灰色）	道岔区段空闲（默认）
	（稳定的黄色）	道岔区段定位锁闭，进路未锁闭
	（稳定的绿色）	道岔区段定位锁闭,且进路已经被锁闭
	（稳定的黄色）	道岔区段反位锁闭，进路未锁闭
	（稳定的绿色）	道岔区段反位锁闭,且进路已经被锁闭

续附表

轨道封锁	T0203 （稳定的灰色）	轨道空闲（默认）
	T0203 （稳定的青色）	轨道封锁
	ST0704 W0704 （稳定的灰色）	道岔区段空闲（默认）
	ST0704 W0704 （稳定的青色）	道岔区段定位封锁
	ST0704 W0704 （稳定的青色）	道岔区段反位封锁
E 类使能菜单	T0203 （无 E 类菜单）	轨道封锁
	E T0203 （闪烁的黄色）	E 类使能菜单被激活，包含"启用"和"取消"两个选项，选择启用可解除轨道封锁
	E T0203 （稳定的黄色）	E 类使能菜单被启用，发送请求即可解除轨道封锁状态

续附表

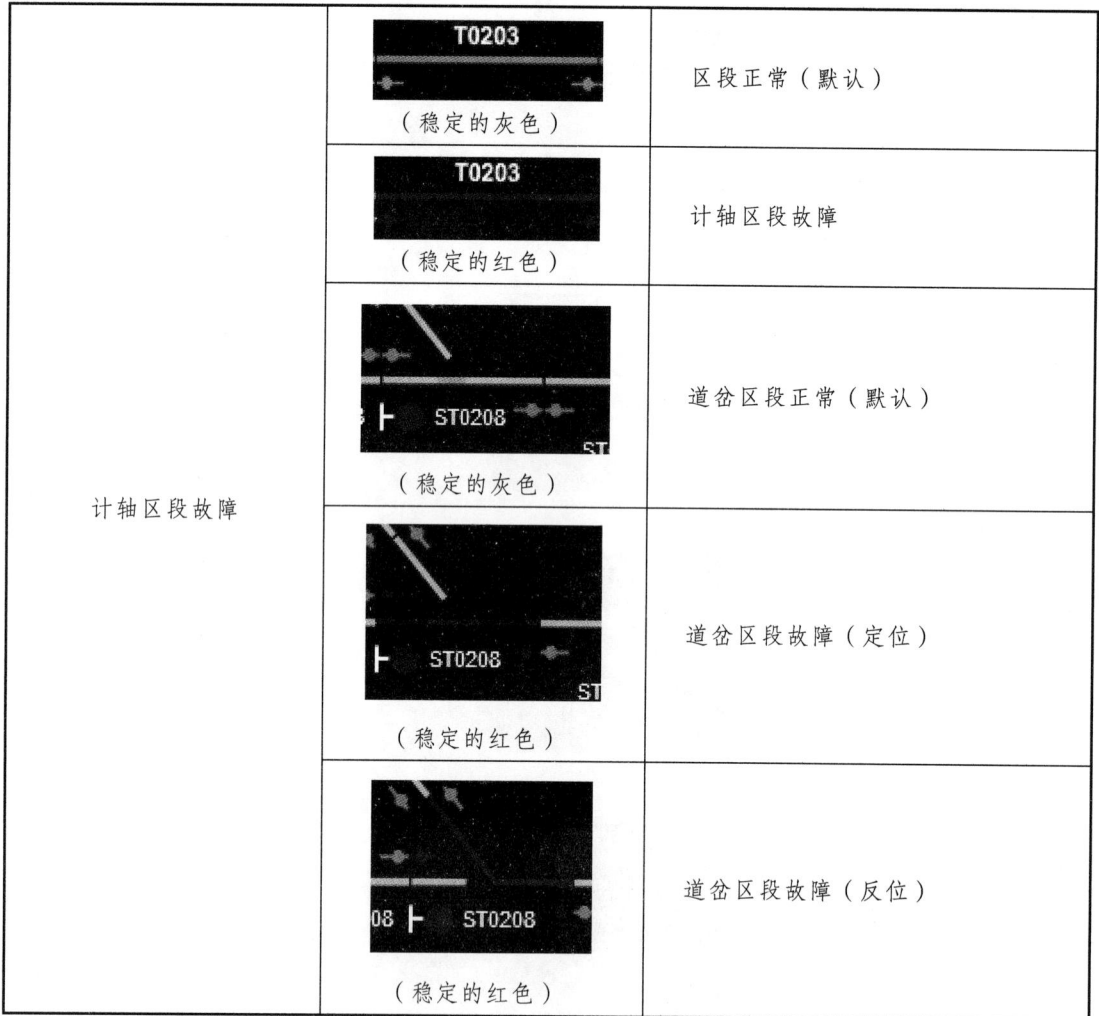

四、信号机

信号机名称由"S（或 X）"+"集中站编号"+"信号机编号"组成；S 代表上行信号机，X 代表下行信号机，FS0105 为 S0105 的复视信号机。

信号机各状态含义说明如附表 2-4 所示。

附表 2-4 信号机状态含义

行车指示信号	（稳定的红色）	正线禁止信号（默认）
	（稳定的绿色）	正线直股通过信号
	（稳定的黄色）	正线弯股通过信号或复视信号
	（稳定的绿色三角形）	CBTC 列车前灭灯信号

附录2 站场图符号及显示含义

续附表

行车指示信号	（稳定的红色但中间为闪烁的黄色）	正在请求引导信号
	（稳定的红色但中间为稳定的黄色）	信号机开放为引导信号
自动通过信号	（灯柱为稳定的白色）	未设置自动通过信号
	（灯柱为稳定的绿色）	信号机被设置为自动通过信号
信号机始端/终端选择	（正常显示）	正常显示
	（灯位为稳定的红色三角形）	在选择终端信号前选择始端信号时，始端信号机灯位的形状变成三角形以显示进路的方向
	（灯柱为闪烁的洋红色三角形）	对于始端信号机来说，该信号可作为终端信号机，信号柱的形状变为三角形
信号机终端封锁	（正常显示）	正常显示
	（稳定的青色背景）	信号机终端封锁启动
E类使能菜单	X0208（无E类菜单）	信号机终端封锁启动
	X0208 E（闪烁的黄色）	E类使能菜单被激活，包含"启用"和"取消"两个选项，选择启用可解除信号终端封锁状态
	X0208 E（稳定的黄色）	E类使能菜单被启用，发送请求即可解除信号终端封锁状态
信号机灯丝断丝	（无报警显示）	信号机正常（默认）
	（稳定的红色报警）	信号机发生灯丝断丝故障

五、道岔

道岔名称由"W"+"集中站编号"+"道岔编号"组成,如"W0103"。
道岔各状态含义说明人员如附表2-5所示。

附表2-5 道岔状态含义

道岔位置	(直股显示)	道岔定位(默认)
	(弯股显示)	道岔反位
道岔进路锁闭	(无进路锁闭显示)	道岔未锁闭
	(稳定的灰色)	定位锁闭
	(稳定的灰色)	反位锁闭
道岔单锁	(无单锁显示)	道岔未单锁
	(稳定的青色)	定位单锁
	(稳定的青色)	反位单锁

续附表

E 类使能菜单	（无 E 类菜单）	道岔被单锁
	（闪烁的黄色）	E 类使能菜单被激活，包含"启用"和"取消"两个选项，选择启用可解除道岔单锁状态
	（稳定的黄色）	E 类使能菜单被启用，发送请求即可解除道岔单锁状态
道岔是否失去表示	（道岔正常）	道岔正常
	（闪烁的红色）	道岔失去表示

六、列车

列车投入运营后，初始状态车次号只显示列车的 PVID；设置 DID 后（无 TID），车次号显示 PVID + DID；当列车设置 TID 后，无论有没有 DID，车次号均显示 TID + DID。具体如附表 2-6 所示。

附表 2-6　车次号含义

缩写	全称	组成规则
PVID	永久性车组编号	01~99
DID	目的地号	01~99
TID	列车追踪号	101~999
TRAIN NUM	车次号	有 TID：TID + DID 无 TID：PVID + DID

列车相关各图标含义说明如下。

附表 2-6　车次号含义

列车位置	T0202 （稳定的绿色）	列车图标，标识列车在系统中的实际位置
人工追踪号	T0205 666 （稳定的绿色矩形）	人工放置在轨道上的追踪号
列车追踪号图标	01 （稳定的绿色）	ATO 加 ATP 列车（TID 信息中只包含 PVID）
	01 （稳定的橙黄色）	列车以 ATP 人工控制（ATP、IATP、RM、ATB）
	01 （闪烁的橙黄色）	NRM 模式列车
	23407 （反白显示）	一个区段同时包含多个追踪号，单击可展开
追踪号信息 （以 ATO 列车为例）	00200 （稳定的绿色）	追踪号信息中只显示列车 PVID
	10100 （稳定的绿色）	追踪号信息中只显示列车 TID
	00102 （稳定的绿色）	追踪号信息中显示列车 PVID 和 DID
	10101 （稳定的绿色）	追踪号信息中显示列车 TID 和 DID
追踪号方向箭头	12345 （稳定的绿色箭头）	列车按照时刻表正常运行

续附表

追踪号方向箭头	◄12345 （稳定的蓝色箭头）	列车提前于时刻表运行
	◁12345 （稳定的黄色箭头）	列车有较小的延误
	12345 （稳定的红色箭头）	列车有较长的延误
	◁12345 （稳定的白色箭头）	列车不按时刻表运行